Eishockey
Wissensquiz

100 Quizfragen für Eishockeyfans

Rätsel- und Ratespiel

GRÜBEL GOLD

Kontaktadresse nach EU-Produktsicherheitsverordnung:
info@bookmundo.com

Bookmundo
Delftsestraat 33
3013AE Rotterdam

Gedruckt in Deutschland - FSC-zertifiziertes Papier aus nachhaltig bewirtschafteten Wäldern. **Der Umwelt zuliebe.**

Willkommen bei deinem Eishockey-Wissensquiz!

Wie funktioniert dieses Quiz?

Dein Quizbuch ist ganz einfach strukturiert: Vorne findest du alle Fragen nacheinander. Jede Frage bietet dir vier mögliche Antworten zur Auswahl. Im hinteren Teil des Buches warten dann alle Lösungen auf dich, komplett mit spannenden Hintergrundinfos.

Spielanleitung für Solo-Rätsler:

1. **FRAGE LESEN** – Such dir eine beliebige Frage aus dem vorderen Teil

2. **NACHDENKEN** – Wäge die vier Optionen ab und triff deine Wahl

3. **NOTIEREN** – Markiere deine Antwort (oder merk sie dir)

4. **NACHSCHLAGEN** – Blättere zum Lösungsteil hinten im Buch nach Frage 100.

5. **LERNEN** – Lies die Erklärung – hier erfährst du das "Warum"

Als geselliges Ratespiel für mehrere Personen:

Eine Person übernimmt die Rolle des Quizmeisters und hat das Buch in der Hand.

Der Ablauf:

- Quizmeister stellt eine Frage und nennt die vier Möglichkeiten
- Alle Mitspieler schreiben ihre Antwort heimlich auf einen Zettel
- Auf Kommando decken alle ihre Tipps gleichzeitig auf
- Bei unterschiedlichen Meinungen darf kurz debattiert werden
- Der Quizmeister verrät die korrekte Lösung aus dem Lösungsteil
- Gemeinsam die Hintergrundinfo dazu anhören
- Nächste Frage!

Punktevergabe (falls gewünscht):

- Richtige Antwort beim ersten Versuch = 3 Punkte
- Richtige Antwort nach Gruppendiskussion = 1 Punkt
- Falsche Antwort = 0 Punkte

Team-Modus: Bildet zwei oder mehr Mannschaften. Jedes Team bespricht sich intern und gibt eine gemeinsame Antwort ab. Das Team mit den meisten Punkten am Ende triumphiert!

Auf geht's – 100 spannende Fragen erwarten dich!

1.) Woran orientiert sich die Entscheidung beim Hybrid-Icing, wenn Angreifer und Verteidiger um einen weit gespielten Puck laufen?

☐ A: Nach dem Überqueren der Mittellinie vergleicht der Linienrichter die Ausgangspositionen und gewährt dem zunächst näher stehenden Spieler das Vorrecht.

☐ B: Der Linienrichter wartet auf die erste Berührung hinter der Torlinie und entscheidet anschließend anhand der Mannschaftszugehörigkeit des berührenden Spielers.

☐ C: Auf Höhe der Endzonen-Bullypunkte beurteilt der Linienrichter, wer den Puck voraussichtlich zuerst erreicht; bei unklarem Ausgang erhält der Verteidiger Vorrang.

☐ D: Entscheidend ist, wer zuerst die Torlinie überquert; die Entfernung beider Spieler zur Scheibe spielt bei der Bewertung keine Rolle.

2.) Welche praktische Erfahrung brachte Frank Zamboni dazu, eine selbstfahrende Maschine zur Aufbereitung von Eisflächen zu entwickeln?

☐ A: Bei seiner Arbeit als Schlittschuhhersteller suchte er eine Methode, Testflächen zwischen den Materialprüfungen möglichst rasch wieder gleichmäßig herzustellen.

☐ B: Er betreute mobile Eisrevuen und wollte die zerlegbaren Bühnenflächen bereits während des Aufbaus durch ein einziges Fahrzeug glätten lassen.

☐ C: Nach dem Geschäft mit Eisblöcken betrieb seine Familie eine Eisbahn, deren aufwendige Pflege ihn zur Suche nach einer Maschinenlösung veranlasste.

☐ D: Als Lieferant von Straßenreinigungsmaschinen erhielt er einen Entwicklungsauftrag, die vorhandenen Kehrfahrzeuge für den Einsatz auf Halleneis umzurüsten.

3.) Wie bewegen sich Feldspieler beim Para-Eishockey fort und spielen gleichzeitig die Scheibe?

☐ A: Die Spieler knien auf einer breiten Gleitplatte und nutzen einen langen Doppelschläger, der rechts und links über eine Kelle verfügt.

☐ B: Sie sitzen auf einem Schlitten und verwenden zwei kurze Schläger, deren gezahnte Enden dem Abstoßen und deren Kellen dem Puckspiel dienen.

☐ C: Ein niedriger Sitz wird über seitliche Handräder angetrieben; zum Passspiel lösen die Spieler eine Hand und führen einen gewöhnlichen Eishockeyschläger.

☐ D: Unter dem Sitz liegen lenkbare Kufen; vorwärts geht es durch seitliches Pendeln des Oberkörpers, während beide Hände den Schläger führen.

4.) Welchen spielpraktischen Zweck erfüllt das starke Vorkühlen der Pucks vor einem Eishockeyspiel?

☐ A: Die Kühlung verhindert, dass der Gummi während des Spiels Wasser von der Eisfläche aufnimmt und dadurch ungleichmäßig schwer wird.

☐ B: Die gekühlte Oberfläche haftet stärker am Klebeband der Schlägerkelle, sodass der Spieler die Scheibe beim Ausholen länger führen kann.

☐ C: Das Gummimaterial wird weniger nachgiebig und der Puck springt schwächer zurück, wodurch unruhige Bewegungen bei Pässen und Schüssen abnehmen.

☐ D: Das Vorkühlen baut innere Spannungen aus der Herstellung ab und verhindert dadurch, dass sich die Scheibe bei harten Schüssen dauerhaft verzieht.

5.) Welche Entwicklung im Torwartspiel ist besonders mit Jacques Plantes Auftritt am 1. November 1959 verbunden?

☐ A: Sein Wechsel zu einer breiteren Schlägerkelle veränderte die Abwehr flacher Schüsse und wurde unmittelbar in die Ausrüstungsvorschriften übernommen.

☐ B: Nach einer Gesichtsverletzung kehrte er mit Maske zurück und trug entscheidend dazu bei, Gesichtsschutz im NHL-Tor zur dauerhaften Gewohnheit zu machen.

☐ C: Bei einem Strafschuss ließ er sich erstmals gezielt auf beide Knie fallen und machte diese Bewegung zur Grundlage seiner weiteren Spielweise.

☐ D: Er führte einen neuartigen Fanghandschuh mit tiefem Netz ein, der die bis dahin übliche Abwehr mit flacher Lederhandfläche ablöste.

6.) Welche Aussage beschreibt die Breite internationaler Spielfelder nach dem IIHF-Regelbuch 2021/22 zutreffend?

☐ A: Die zulässige Breite reicht von 25 bis 30 Metern; damit können unterschiedlich breite Flächen den Vorgaben dieses Regelbuchs entsprechen.

☐ B: Die Breite wird proportional zur Länge festgelegt; bei einer Längenänderung muss eine internationale Eisfläche im selben Verhältnis breiter oder schmaler werden.

☐ C: Für Meisterschaften gilt ein einheitliches Breitenmaß von 30 Metern; schmalere Flächen sind im internationalen Regelwerk als Trainingsflächen eingeordnet.

☐ D: Jede Turnierstufe erhält eine eigene feste Breite, wobei die oberste Spielklasse auf dem schmalsten und Nachwuchsturniere auf dem breitesten Feld antreten.

7.) Welchen Bereich versucht ein Schütze zu treffen, wenn er beim Torhüter das sogenannte Five Hole anvisiert?

☐ A: Gemeint ist der kurze Winkel unmittelbar neben dem Pfosten, den der Torhüter bei einer Bewegung quer durch den Torraum freigibt.

☐ B: Er zielt auf die Öffnung zwischen dessen Beinen, die sich während einer Bewegung kurz zwischen den beiden Beinschonern zeigen kann.

☐ C: Das Ziel liegt über der Schulter auf der Stockhandseite, zwischen Oberkante des Brustschutzes und Unterkante der Querlatte.

☐ D: Der Schütze sucht die Lücke unter dem Arm der Fanghand, wenn der Torhüter den Handschuh für einen hohen Puck anhebt.

8.) Welche Besonderheit gilt in der NHL beim Befreiungsschlag einer Mannschaft, die wegen einer Zeitstrafe in Unterzahl spielt?

☐ A: Sie kann die Scheibe aus der eigenen Hälfte über die gegnerische Torlinie schlagen, ohne dafür einen Icing-Pfiff zu erhalten.

☐ B: Ein langer Befreiungsschlag führt zu einem Bully in der Mittelzone, damit der Verteidigung nach dem Druck des Überzahlspiels ein neutraler Neustart bleibt.

☐ C: Der erste weite Befreiungsschlag während einer Strafzeit wird zugelassen; weitere Versuche werden als Icing behandelt, wenn kein Mitspieler die Scheibe erreicht.

☐ D: Sie darf die Scheibe über beide blauen Linien spielen, muss sie jedoch vor der gegnerischen Torlinie durch einen Mitspieler berühren lassen.

9.) Was geschieht bei der Vulkanisation, die einer üblichen Gummischung für Eishockey-Pucks ihre dauerhafte Formstabilität verleiht?

☐ A: Ein Lösungsmittel entfernt die weicheren Anteile aus dem Rohmaterial, sodass die verbleibenden festen Bestandteile zu einer dichten Scheibe zusammenrücken.

☐ B: Die Oberfläche wird mit einer harten Kunststoffhaut überzogen, während der innere Gummikern weitgehend unvernetzt und besonders weich bleiben soll.

☐ C: Das Material wird unter Druck abgekühlt, bis seine Molekülketten kristallisieren und dadurch eine bei Erwärmung wieder auflösbare Scheibenstruktur bilden.

☐ D: Zwischen den langen Molekülketten entstehen chemische Querverbindungen, die deren gegeneinander gerichtetes Verschieben begrenzen und das elastische Netzwerk stabilisieren.

10.) Welche Voraussetzung muss beim fliegenden Wechsel nach dem IIHF-Regelbuch 2021/22 vor dem Eintritt des Ersatzspielers erfüllt sein?

☐ A: Der auswechselnde Spieler muss die neutrale Zone erreicht haben; die Entfernung zur Bank richtet sich anschließend nach der Position der Scheibe.

☐ B: Die abgelöste Reihe muss ihren letzten Puckkontakt beendet haben; danach dürfen die Ersatzspieler auch von der gegenüberliegenden Bankseite einsteigen.

☐ C: Der auswechselnde Spieler muss sich höchstens 1,50 Meter von seiner Bank entfernt und bereits außerhalb des aktiven Spielgeschehens befinden.

☐ D: Der neue Spieler muss an der Bandentür warten, bis der Mannschaftskapitän den abgeschlossenen Rückzug seines Mitspielers durch ein Zeichen bestätigt.

11.) Welches Verlängerungsformat führte die NHL zur Hauptrunde der Saison 2015/16 ein, sofern keine Strafen die Besetzung verändern?

☐ A: Eine Zusatzphase mit vier Feldspielern je Team wird über zehn Minuten vollständig ausgespielt; bei erneutem Gleichstand entscheidet ein anschließendes Penaltyschießen.

☐ B: Eine fünfminütige Phase mit je drei Feldspielern und Torhüter, in der der erste Treffer entscheidet und danach gegebenenfalls ein Penaltyschießen folgt.

☐ C: Zehn Minuten mit vollständigen Reihen, wobei ein Treffer zunächst nur die Führung bringt und das Endergebnis nach Ablauf der Zusatzzeit feststeht.

☐ D: Zwei kurze Zusatzabschnitte mit jeweils vier Feldspielern, zwischen denen die Mannschaften wechseln und anschließend bei Gleichstand Penaltys ausführen.

12.) Welche Entwicklung erlebte das Frauen-Eishockey bei den Olympischen Winterspielen 1998 in Nagano?

☐ A: Das bestehende Viererturnier wurde um Nachwuchsauswahlen ergänzt, sodass ältere und jüngere Mannschaften in getrennten Wettbewerben um Medaillen spielten.

☐ B: Es stand erstmals als Medaillenwettbewerb im olympischen Programm; die Vereinigten Staaten gewannen das Endspiel gegen Kanada und damit Gold.

☐ C: Nach früheren olympischen Turnieren wurde erstmals eine gemeinsame Qualifikation aller Kontinente ausgespielt, während die Medaillen weiterhin außerhalb des Hauptprogramms vergeben wurden.

☐ D: Erstmals durften die besten Vereinsteams teilnehmen; ihre Spielerinnen vertraten dadurch ihre Clubs anstelle der zuvor üblichen Nationalmannschaften.

13.) Welche Funktion hat die trapezförmige Markierung hinter einem NHL-Tor für das Spielen des Pucks durch den Torhüter?

☐ A: Die schrägen Linien kennzeichnen die Bereiche, in denen ein Angreifer dem Torhüter den Puck abnehmen darf, ohne Torwartbehinderung zu verursachen.

☐ B: Innerhalb der Markierung darf der Torhüter den Puck länger festhalten; außerhalb muss er ihn nach der Annahme ohne Verzögerung weiterleiten.

☐ C: Für Pässe aus diesem Bereich gilt eine besondere Abseitsgrenze, sodass der Torhüter die Scheibe direkt bis zur gegnerischen blauen Linie spielen kann.

☐ D: Sie kennzeichnet den Bereich hinter der Torlinie, in dem der Torhüter den Puck regulär mit seinem Schläger spielen darf.

14.) Weshalb begrenzt das Regelwerk die Abmessungen von Beinschonern und anderer Torwartausrüstung?

☐ A: Die festgelegten Außenmaße sorgen dafür, dass Schüsse von jedem Torhüter mit möglichst ähnlicher Geschwindigkeit zur Spielfläche zurückprallen.

☐ B: Damit alle Ausrüster dieselben Schnittmuster nutzen, werden die zulässigen Formen zentral festgelegt und jedes Modell einer einheitlichen Materialklasse zugeteilt.

☐ C: Die Ausrüstung soll vor Treffern schützen, ohne durch übermäßige Größe zusätzliche, für den Körperschutz unnötige Torfläche abzudecken.

☐ D: Die Vorgaben sollen das Gesamtgewicht aller Torhüter angleichen, damit sich ihre seitlichen Bewegungen unabhängig von der Körpergröße vergleichen lassen.

15.) Eine NHL-Mannschaft spielt wegen einer einzelnen Zweiminutenstrafe vier gegen fünf und kassiert ein Tor. Was geschieht mit dieser Strafe?

☐ A: Der Spieler muss die verbleibende Strafzeit persönlich absitzen, während ein Mitspieler von der Bank den frei gewordenen Platz auf dem Eis einnimmt.

☐ B: Die laufende Strafzeit wird auf die Hälfte ihres Restwertes verkürzt; erst nach deren Ablauf darf sich die Mannschaft wieder vervollständigen.

☐ C: Die restliche Strafzeit bleibt bestehen, wird jedoch erst nach dem nächsten Wechsel der Mannschaft weitergezählt und währenddessen nicht angezeigt.

☐ D: Die kleine Strafe endet mit dem Gegentor, sodass die Mannschaft bei unveränderter sonstiger Situation wieder einen fünften Feldspieler einsetzen darf.

16.) Wie wirken sich gegnerische Überzahltore auf eine laufende fünfminütige große Strafe in der NHL aus?

☐ A: Die große Strafe wird nach einem Gegentor zu einer kleinen Strafe, deren Restdauer sich aus der zuvor abgesessenen Spielzeit ergibt.

☐ B: Für jedes Gegentor wird eine Minute von der offenen Strafzeit abgezogen; mehrere schnelle Treffer können die Unterzahl dadurch deutlich verkürzen.

☐ C: Nach dem ersten Gegentor darf ein Ersatzspieler zurückkehren, während der Verursacher bis zum Ende der fünf Minuten auf der Strafbank bleibt.

☐ D: Die fünfminütige Strafzeit läuft trotz der Gegentore weiter, sodass die überlegene Mannschaft während derselben Strafe mehrere Treffer erzielen kann.

17.) Welches Tor wird in der NHL als Unterzahltor erfasst?

☐ A: Ein Tor gegen eine Mannschaft, die ihren Torhüter zugunsten eines weiteren Feldspielers herausgenommen hat und ihren Kasten dadurch unbesetzt lässt.

☐ B: Der erste Treffer nach Rückkehr eines bestraften Spielers, sofern er selbst am anschließenden Angriff mit einem Pass oder Schuss beteiligt ist.

☐ C: Ein Treffer der Mannschaft, die aufgrund einer laufenden Strafe weniger Feldspieler einsetzen darf als ihr Gegner und trotzdem zum Abschluss kommt.

☐ D: Die Scheibe wird von einem allein angreifenden Spieler gegen mehrere zurücklaufende Verteidiger im Tor untergebracht, ohne dass ein Mitspieler aufgerückt ist.

18.) Welche Bauform und Maße kennzeichnen einen regelgerechten Eishockey-Puck für den Erwachsenenspielbetrieb?

☐ A: Eine leichte Scheibe mit Kunststoffkern und aufgesetzten Gleitpunkten; ihre Kontaktflächen halten den eigentlichen Körper knapp oberhalb der Eisoberfläche.

☐ B: Es handelt sich um eine kompakte Gummischeibe von ungefähr 7,6 Zentimetern Durchmesser und 2,5 Zentimetern Dicke mit vorgegebenem Gewichtsbereich.

☐ C: Eine flache Hohlscheibe mit umlaufendem Rand; ihr Durchmesser beträgt ungefähr zehn Zentimeter, während die geringe Wandstärke das Gewicht bestimmt.

☐ D: Der Puck besitzt einen gewölbten Metallkern mit Gummimantel und ist so bemessen, dass er leicht unter einer Schlägerkelle hindurchpasst.

19.) Wie wird die Scheibe bei dem als Michigan bekannten Eishockey-Spielzug ins Tor befördert?

☐ A: Der Schütze täuscht einen Schlagschuss an, lässt den Puck seitlich liegen und dreht sich für den Abschluss vollständig um die eigene Achse.

☐ B: Der Angreifer zieht den Puck zwischen den eigenen Beinen hindurch und schließt unmittelbar mit der Rückhand auf die lange Ecke ab.

☐ C: Von hinter dem Tor hebt der Spieler den Puck auf die Schlägerkelle und führt ihn in einer schnellen Bewegung um den Pfosten.

☐ D: Ein Spieler passt die Scheibe absichtlich an die Endbande, sodass sie neben dem Tor zu ihm zurückspringt und direkt geschossen werden kann.

20.) Welche Besonderheit unterscheidet Ron Hextalls NHL-Tor von 1987 von Billy Smiths Treffer aus dem Jahr 1979?

☐ A: Hextalls Schuss wurde zunächst einem Mitspieler zugeschrieben und erst nachträglich korrigiert, während Smith bereits unmittelbar nach dem Tor als Schütze feststand.

☐ B: Hextall traf mit einem Fernschuss gegen einen anwesenden Torhüter; bei Smith fiel der Treffer, nachdem der Gegner seinen Torhüter herausgenommen hatte.

☐ C: Bei Hextall zählte der Treffer zugleich als entscheidendes Tor der Verlängerung; Smith hatte sein Tor während eines gewöhnlichen Drittels erzielt.

☐ D: Hextall schoss den Puck selbst ins gegnerische Netz; Smith war ein gegnerisches Eigentor als letztem Puckberührer seiner Mannschaft gutgeschrieben worden.

21.) Welchen Wettbewerbscharakter hatte der Stanley Cup in seinen Anfangsjahren als Challenge Cup?

☐ A: Kanadische Amateurvereine konnten den Titelhalter herausfordern; Treuhänder regelten den Wettbewerb und entschieden bei Streit über den Anspruch auf den Pokal.

☐ B: Eine landesweite Liga ermittelte ihren Sieger anhand einer gemeinsamen Saisonpunktetabelle; der Pokal ging ohne zusätzliche Herausforderung an deren Spitzenreiter.

☐ C: Bei einer jährlichen Endrunde trafen Provinzauswahlen aufeinander, deren Kader aus mehreren Vereinen zusammengestellt wurden und anschließend wieder auseinandertraten.

☐ D: Der Titelhalter wurde bei einem festen Einladungsturnier ausgespielt; die Teilnahmeplätze blieben über mehrere Jahre denselben Gründungsvereinen vorbehalten.

22.) Was bezeichnet die umgangssprachliche Wendung Gordie Howe Hat Trick?

☐ A: Drei unterschiedliche Torarten eines Spielers: ein Überzahltor, ein Unterzahltor und ein Treffer bei gleicher Anzahl von Feldspielern.

☐ B: Ein Angreifer erzielt einen regulären Treffer, verwandelt anschließend einen Strafschuss und entscheidet schließlich das Penaltyschießen für seine Mannschaft.

☐ C: Ein Spieler trifft, bereitet ein Tor vor und beteiligt sich im selben Spiel an einer Schlägerei, für die er bestraft wird.

☐ D: Die Mannschaft gewinnt alle drei Drittel einer Partie, während derselbe Spieler in jedem Abschnitt mindestens einen Scorerpunkt erzielt.

23.) Welche unmittelbare Folge hat nach NHL-Regeln 2025/26 die erste erfolglose Coach's Challenge einer Mannschaft gegen ein anerkanntes Tor?

☐ A: Die Mannschaft verliert ihre Auszeit und muss den nächsten Wechsel dem Gegner überlassen, behält jedoch ihre bisherige Spielerzahl auf dem Eis.

☐ B: Der Trainer erhält eine persönliche Verwarnung; erst eine weitere erfolglose Anfrage kann sich auf die Zusammensetzung seiner Mannschaft auswirken.

☐ C: Das Tor bleibt bestehen und die anfragende Mannschaft erhält eine kleine Bankstrafe wegen Spielverzögerung, die ein Feldspieler absitzen muss.

☐ D: Die Mannschaft muss das nächste Anspiel in der eigenen Verteidigungszone hinnehmen, ohne dafür eine zusätzliche Zeitstrafe auf der Spieluhr zu erhalten.

24.) Welche Ereignisse erfasst die Eishockey-Kennzahl Corsi?

☐ A: Sie berücksichtigt Schüsse aufs Tor einschließlich Treffern, daneben gegangene Versuche sowie geblockte Schüsse und fasst diese als Angriffsereignisse zusammen.

☐ B: Gezählt werden gewonnene und verlorene Zweikämpfe um freie Pucks; aus deren Verhältnis wird die Kontrolle einer Mannschaft über das Spiel abgeleitet.

☐ C: Die Kennzahl addiert gelungene Pässe in die Angriffszone und erfolgreiche Abschlüsse, gewichtet beides aber anhand der Entfernung zum gegnerischen Tor.

☐ D: Erfasst wird die Zeit zwischen Puckgewinn und Puckverlust, aufgeteilt nach Angriffsdrittel, Mittelzone und eigener Verteidigungszone der beobachteten Mannschaft.

25.) Welchen Hauptzweck erfüllt die weiße Grundierung unter der eigentlichen Spielfläche einer Eishockeyarena?

☐ A: Durch die eingeschlossenen Pigmente wird die oberste Eisschicht rauer, sodass die Kufen beim Antritt ohne zusätzlichen Schliff mehr Halt finden.

☐ B: Sie schafft einen gleichmäßigen hellen Hintergrund, vor dem sich der schwarze Puck und die farbigen Spielfeldmarkierungen gut erkennen lassen.

☐ C: Die Farbschicht bildet eine wärmeleitende Verbindung zum Rohrsystem und verteilt die Kälte schneller zwischen benachbarten Bereichen der Eisfläche.

☐ D: Das Material versiegelt den Hallenboden gegen aufsteigende Feuchtigkeit und ersetzt dabei die unter dem Kühlsystem liegende technische Dampfsperre.

26.) Welche Schlägerveränderung machten Stan Mikita und Bobby Hull in den 1960er Jahren besonders bekannt?

☐ A: Seitlich gebogene Kellen veränderten die Puckführung und eröffneten den Spielern zusätzliche Möglichkeiten, ihre Schüsse mit Drall abzugeben.

☐ B: Man versah die Schäfte mit einem ovalen Griff und erleichterte damit den schnellen Wechsel zwischen Vorhand und Rückhand.

☐ C: Eine längere, gerade Kelle vergrößerte die Kontaktfläche; dadurch entwickelte sich der direkte Pass zur bevorzugten Angriffstechnik.

☐ D: Der hohle Aluminiumschaft ersetzte das massive Holz und erlaubte erstmals den Austausch beschädigter Kellen während einer Saison.

27.) Welche Ehrung erhielt Wayne Gretzky beim NHL-All-Star-Spiel im Februar 2000?

☐ A: Ein neuer Preis für besonders kreative Vorlagen ehrte seinen Namen und wurde anschließend nach jeder regulären Saison vergeben.

☐ B: Die Auszeichnung für den punktbesten Spieler wurde nach ihm benannt und erhielt die Gestalt seines berühmten Trikots.

☐ C: Die NHL nahm seine Rückennummer 99 ligaweit aus dem Spielbetrieb, sodass sie für neue Spieler nicht mehr zur Verfügung stand.

☐ D: Man ernannte ihn zum Ehrenkapitän der beiden All-Star-Mannschaften und reservierte ihm einen festen Platz auf der Spielerbank.

28.) Was kennzeichnet Cross-Ice im Eishockeytraining mit jungen Kindern?

☐ A: Bei dieser Übungsform verbinden die Kinder längere Runden entlang der Bande mit einzeln ausgeführten Schüssen auf beide regulären Tore.

☐ B: Die Kinder spielen quer auf einem abgeteilten Teil der Eisfläche und erleben dadurch viele Spielsituationen auf kurzen Wegen.

☐ C: Der Trainer lässt feste Angriffswege über beide blauen Linien wiederholen, während die Verteidiger ihre Positionen zunächst ohne Gegenspieler einüben.

☐ D: Zwei Gruppen laufen gleichzeitig über die gesamte Eisfläche; an der Mittellinie tauschen sie ihre Pucks und wechseln die Laufrichtung.

29.) Wann wird eine angezeigte Strafe nach NHL-Regeln 2025/26 bei fortlaufendem Spiel normalerweise abgepfiffen?

☐ A: Sobald das angreifende Team mit dem Puck freiwillig die Angriffszone verlässt, um seinen Aufbau neu zu ordnen.

☐ B: Wenn die zu bestrafende Mannschaft den Puck kontrolliert, wird unterbrochen; eine bloße Ablenkung der Scheibe reicht dafür nicht.

☐ C: Sobald ein Verteidiger den Puck mit dem Schläger ablenkt, auch wenn ein Angreifer ihn danach unmittelbar wieder kontrolliert.

☐ D: Wenn sich keine unmittelbare Torchance mehr entwickelt, beendet der Schiedsrichter den Vorteil und unterbricht unabhängig vom Puckbesitz.

30.) Wie können Angreifer ein angezeigtes Abseits nach NHL-Regeln 2025/26 durch Zurücklaufen aufheben?

☐ A: Ein kontrollierter Pass zwischen zwei Verteidigern innerhalb ihres Drittels hebt die Anzeige auf, auch wenn die Angreifer dort bleiben.

☐ B: Nur der pucknächste Angreifer muss die blaue Linie erreichen; seine Mitspieler dürfen währenddessen passiv im Angriffsdrittel bleiben.

☐ C: Die Angreifer fahren innerhalb der Zone hinter die Position des Pucks zurück und dürfen nach dieser Rückwärtsbewegung wieder eingreifen.

☐ D: Alle betroffenen Angreifer verlassen das Drittel beziehungsweise berühren mit einem Schlittschuh die blaue Linie, bevor sie wieder aktiv eingreifen.

31.) Welche Spielweise entspricht einer Neutral Zone Trap im Eishockey?

☐ A: Der Puck wird hinter dem eigenen Tor mehrfach quergelegt, bis ein weit vorgerückter Mitspieler für einen langen Pass frei steht.

☐ B: Alle Feldspieler ordnen sich um den eigenen Torraum an und überlassen dem Gegner die Außenbahnen für Distanzschüsse.

☐ C: Die verteidigende Mannschaft verdichtet den Raum zwischen den blauen Linien und lenkt den gegnerischen Aufbau in vorbereitete Drucksituationen.

☐ D: Die Stürmer besetzen früh beide Ecken hinter dem gegnerischen Tor und setzen dessen Verteidiger gemeinsam unter unmittelbaren Druck.

32.) Welche Situation ist nach NHL-Regeln 2025/26 ein klarer Fall von Torwartbehinderung durch den Angreifer?

☐ A: Ein Angreifer drückt den Torhüter aus eigener Bewegung im Torraum zur Seite und verhindert dadurch dessen Abwehr des folgenden Schusses.

☐ B: Der Stürmer steht außerhalb des Torraums im Sichtfeld des Torhüters und verdeckt ohne Körperkontakt den Augenblick der Schussabgabe.

☐ C: Der Puckführer umkurvt hinter dem Tor den Torhüter mit freiem Abstand und spielt anschließend einen Pass zu seinem Mitspieler.

☐ D: Nach einem Abpraller spielt der Angreifer einen frei liegenden Puck im Torraum weiter, ohne den Torhüter dabei zu berühren.

33.) Welche Leistung würdigt die Conn Smythe Trophy?

☐ A: Der Torhüter mit der überzeugendsten Hauptrunde erhält sie nach einer Abstimmung der sportlichen Leiter sämtlicher NHL-Mannschaften.

☐ B: Sie zeichnet den punktbesten Feldspieler der NHL-Hauptrunde aus, wobei Tore und vorbereitete Treffer gemeinsam in die Wertung eingehen.

☐ C: Mit der Trophäe wird der Trainer ausgezeichnet, dessen Mannschaft sich während der regulären Saison besonders stark gegenüber dem Vorjahr verbessert.

☐ D: Geehrt wird der wertvollste Spieler der gesamten Stanley-Cup-Playoffs, wobei auch ein Spieler des unterlegenen Finalteams gewinnen kann.

34.) Was verändert ein klassischer Hohlschliff an einer Eishockeykufe?

☐ A: Eine konkave Rinne an der Unterseite bildet zwei Kanten, mit denen sich der Schlittschuh beim Abdruck seitlich im Eis abstützt.

☐ B: Der Schleifvorgang verbreitert die Auflagefläche des Stahls und verteilt das Körpergewicht stärker über die gesamte Breite der Kufe.

☐ C: Er wölbt die gesamte Kufe längs stärker nach oben, sodass beim Geradeauslaufen ein kürzerer Abschnitt auf dem Eis aufliegt.

☐ D: Die beiden Seitenflächen werden keilförmig zusammengeführt; eine einzelne mittlere Schneide übernimmt dadurch das Greifen beim Kurvenfahren.

35.) Welcher Pass aus dem eigenen Drittel wurde durch die NHL-Reform 2005 neu erlaubt?

☐ A: Der Torhüter spielt die Scheibe hinter der Torlinie außerhalb seines Trapezes und passt von dort direkt zu einem Mitspieler.

☐ B: Ein Feldspieler schlägt den Puck mit der offenen Hand nach vorn, und sein Mitspieler nimmt ihn im neutralen Drittel auf.

☐ C: Der Empfänger wartet bereits tief im Angriffsdrittel und nimmt dort das Zuspiel an, ohne zuvor die blaue Linie verlassen zu haben.

☐ D: Ein bereits jenseits der roten Mittellinie wartender Mitspieler erhält das direkte Zuspiel, während er noch im neutralen Drittel steht.

36.) Was folgt nach NHL-Regeln 2025/26 auf den ersten Aufstellungsverstoß beim Bully, wenn zuvor kein Icing vorlag?

☐ A: Die Mannschaft erhält sofort eine kleine Bankstrafe; ein Feldspieler muss deshalb für zwei Minuten auf der Strafbank Platz nehmen.

☐ B: Das Anspiel wandert an einen Punkt im Verteidigungsdrittel der betroffenen Mannschaft, während beide ursprünglich vorgesehenen Center stehen bleiben.

☐ C: Der betreffende Center erhält zunächst eine Verwarnung; erst ein weiterer Verstoß zwingt seine Mannschaft, einen anderen Spieler zum Bully zu schicken.

☐ D: Der betreffende Anspieler wird ausgetauscht, und ein Mitspieler übernimmt für seine Mannschaft das bevorstehende Bully an diesem Punkt.

37.) Was bedeutet ein Pluspunkt in der üblichen NHL-Plus/Minus-Statistik eines Feldspielers?

☐ A: Ein gegnerischer Angriff endete während seines Einsatzes ohne Torschuss, wodurch ihm eine erfolgreiche Defensivaktion zugerechnet wird.

☐ B: Die Mannschaft erzielte während seines Einsatzes mehr Torschüsse als der Gegner und gewinnt dadurch einen statistischen Wertungspunkt.

☐ C: Der Spieler hat selbst einen Treffer vorbereitet und erhält unabhängig von der Spielerzahl zusätzlich einen Punkt für seine Anwesenheit.

☐ D: Er stand bei einem Tor seiner Mannschaft auf dem Eis, das bei Gleichzahl oder in deren Unterzahl erzielt wurde.

38.) Welche Eigenschaft beschreibt der Kickpoint eines modernen Eishockeyschlägers?

☐ A: Die Angabe beschreibt die Verwindungsfestigkeit der Kelle und damit ihren Widerstand gegen ein seitliches Verdrehen beim Puckkontakt.

☐ B: Der Begriff bezeichnet den Schwerpunkt des kompletten Schlägers und beschreibt damit die Gewichtsverteilung zwischen Kelle und Schaft.

☐ C: Gemeint ist die bevorzugte Biegezone des Schafts, deren Lage beeinflusst, wie der Schläger beim Schuss geladen wird.

☐ D: Er bezeichnet den Winkel zwischen Schaft und Kelle, der bestimmt, wie die Unterkante bei gegebener Handhaltung aufliegt.

39.) Was markierte die Saison 1994/95 im deutschen Vereinseishockey?

☐ A: Die bisherige Oberliga wurde zur ersten gemeinsamen Spielklasse aller deutschen Spitzenvereine und bestimmte anschließend den deutschen Meister.

☐ B: Ein zusätzlicher nationaler Pokalwettbewerb verband die Vereine der ersten beiden Ligen und wurde erstmals parallel zur Bundesliga ausgetragen.

☐ C: Die Deutsche Eishockey Liga nahm ihren Spielbetrieb auf und löste die bisherige Bundesliga als höchste deutsche Spielklasse ab.

☐ D: Der deutsche Meister wurde erstmals in einer kurzen Endrunde nach Abschluss mehrerer regionaler Meisterschaften ausgespielt.

40.) Welche Entwicklung kennzeichnet die Gründung des Deutschen Eishockey-Bundes im Jahr 1963?

☐ A: In Krefeld entstand ein eigenständiger nationaler Fachverband, der die gemeinsame Organisation und Förderung des Eishockeysports übernehmen sollte.

☐ B: Der Eishockeysport gab seine eigenständige Verbandsorganisation auf und wurde als Fachabteilung unmittelbar in den allgemeinen deutschen Sportdachverband eingegliedert.

☐ C: Der neue Verband führte erstmals eine deutsche Meisterschaft ein, die zuvor lediglich als regionales Turnier süddeutscher Vereine ausgetragen worden war.

☐ D: Die Spitzenteams schlossen sich zu einer wirtschaftlich selbstständigen Profiliga zusammen und übernahmen gemeinsam die Vermarktung ihrer Ligaspiele.

41.) Weshalb wurde David Ayres am 22. Februar 2020 für die Carolina Hurricanes eingesetzt?

☐ A: Ein Tauschgeschäft mit Toronto war unmittelbar vor Spielbeginn abgeschlossen worden, sodass Ayres erstmals gegen seinen bisherigen Verein antrat.

☐ B: Der Trainer wechselte den regulären Schlussmann wegen mehrerer Gegentore aus und gab dem zuvor verpflichteten Nachwuchstorhüter sein Debüt.

☐ C: Carolina hatte ihn kurzfristig aus seinem Farmteam berufen, nachdem der vorgesehene Starttorhüter schon vor der Reise ausgefallen war.

☐ D: Nach den Verletzungen beider regulären Torhüter sprang der vor Ort bereitstehende Notfalltorhüter für Carolina gegen Toronto ein.

42.) Welche Aussage trifft auf die Flexzahl eines Eishockeyschlägers zu?

☐ A: Eine höhere Zahl bezeichnet innerhalb des üblichen Bewertungssystems einen steiferen Schaft, der sich bei vergleichbarer Belastung weniger durchbiegt.

☐ B: Der Wert kennzeichnet die bevorzugte Griffweite und gibt den vorgesehenen Abstand beider Hände bei einem Schlagschuss an.

☐ C: Mit der Zahl wird der Anteil der Verstärkungsfasern angegeben, aus dem sich das Gesamtgewicht des Schlägers ableiten lässt.

☐ D: Sie beschreibt die Kellenöffnung; ein größerer Zahlenwert erleichtert daher vor allem hohe Schüsse aus kurzer Entfernung.

43.) Was bezeichnet der Ausdruck „Original Six“ in der NHL-Geschichte?

☐ A: Gemeint sind die sechs kanadischen Vereine, die bei der Gründung der NHL gemeinsam den ersten Spielplan vereinbarten.

☐ B: Es sind die sechs Mannschaften, aus denen die NHL zwischen 1942 und ihrer Erweiterung im Jahr 1967 bestand.

☐ C: Die ersten sechs Gewinner des Stanley Cups bilden diese Gruppe, unabhängig davon, in welcher Liga sie ihre Titel errangen.

☐ D: Der Name fasst jene Vereine zusammen, die bereits vor Einführung der Playoffs ihre Meisterschaften in einer gemeinsamen Liga austrugen.

44.) Wie wird ein unentschiedenes NHL-Playoff-Spiel nach dem Regelwerk 2025/26 entschieden?

☐ A: Nach einer kurzen Verlängerung treten ausgewählte Schützen einzeln an, wenn zuvor keine Mannschaft den entscheidenden Treffer erzielt hat.

☐ B: Bei weiterem Gleichstand wird die Zahl der Feldspieler nach jeder torlosen Verlängerung reduziert, bis eine Mannschaft den Siegtreffer erzielt.

☐ C: Beide Mannschaften spielen einen zusätzlichen Abschnitt vollständig aus; dessen Endstand entscheidet auch dann, wenn schon früh ein Tor fällt.

☐ D: Es folgen Verlängerungsdrittel von höchstens 20 Minuten bei regulärer Spielerzahl; das erste Tor beendet die Partie unmittelbar.

45.) Was soll der xG-Wert einer Mannschaft im Eishockey ausdrücken?

☐ A: Er zählt die auf dem Eis gewonnenen Zweikämpfe und setzt sie ins Verhältnis zu den anschließend entstandenen Schussversuchen.

☐ B: Er addiert geschätzte Torwahrscheinlichkeiten der erfassten Schüsse und beschreibt dadurch Umfang und Qualität der herausgespielten Abschlusschancen.

☐ C: Der Wert ergibt sich aus der Differenz zwischen tatsächlichen Toren und Gegentoren, korrigiert um die gespielten Minuten.

☐ D: Die Kennzahl misst, welcher Anteil der gesamten Puckbesitzzeit im Angriffsdrittel verbracht wurde, und gewichtet längere Angriffe stärker.

46.) Welcher Unterschied zwischen Boarding und Charging ist nach NHL-Regeln 2025/26 entscheidend?

☐ A: Boarding bezeichnet einen verspäteten Kontakt nach einem Pass, während Charging das Festhalten eines Gegners während der Puckführung beschreibt.

☐ B: Boarding wird bei einem Einsatz des quer gehaltenen Schlägers geahndet; Charging betrifft den Stoß mit einem angehobenen Ellbogen.

☐ C: Beim Boarding wird der Puckführer angegriffen, während Charging einen Körpercheck gegen einen Gegner bezeichnet, der die Scheibe nicht besitzt.

☐ D: Bei Boarding steht ein gefährlicher Aufprall gegen die Bande im Mittelpunkt; Charging betrifft unter anderem einen übermäßig heftigen Körperangriff mit Anlauf.

47.) Welche Beschreibung passt zum Spengler Cup im Eishockey?

☐ A: Es handelt sich um die Abschlussrunde der europäischen Klubmeisterschaft, deren Teilnehmer sich über die nationalen Ligen qualifizieren.

☐ B: Er ist ein internationales Einladungsturnier in Davos, bei dem Vereinsmannschaften und ausgewählte Teams zum Jahresende gegeneinander antreten.

☐ C: Der Wettbewerb wird als Schweizer Pokal über eine ganze Saison ausgetragen, wobei die Paarungen nach jeder Runde neu ausgelost werden.

☐ D: Das Turnier führt die besten Nachwuchsauswahlen Europas zusammen und ermittelt in wechselnden Schweizer Städten den kontinentalen Juniorenmeister.

48.) Welches Vergehen führt nach NHL-Regeln 2025/26 bei besetztem Tor zu einem Strafschuss?

☐ A: Der Center schlägt im eigenen Torraum einen frei fliegenden Puck mit der offenen Hand zur Seite, ohne ihn festzuhalten.

☐ B: Ein verteidigender Feldspieler legt sich im eigenen Torraum absichtlich auf den Puck und hält ihn dadurch dem weiteren Spiel entzogen.

☐ C: Ein Verteidiger lenkt mit seinem Schlittschuh einen gegnerischen Schuss neben das Tor, ohne dabei einen Angreifer zu berühren.

☐ D: Der Torhüter friert einen vor ihm liegenden Puck ein, während sich mehrere Angreifer in unmittelbarer Nähe zum Tor befinden.

49.) Wie wird eine Niederlage im Penaltyschießen der NHL-Hauptrunde nach dem Regelwerk 2025/26 für die Tabelle gewertet?

☐ A: Die Mannschaft erhält keine Punkte, weil der Gegner durch den gewonnenen entscheidenden Versuch den gesamten Spielwert übernimmt.

☐ B: Der Sieger bekommt einen zusätzlichen Punkt zu den beiden Punkten, die nach dem Ende der regulären Spielzeit bereits vergeben werden.

☐ C: Das Spiel zählt zunächst als Unentschieden; der Ausgang des Penaltyschießens wird erst bei einem späteren direkten Tabellenvergleich berücksichtigt.

☐ D: Die unterlegene Mannschaft erhält einen Tabellenpunkt, während die siegreiche Mannschaft für die gesamte Partie zwei Punkte bekommt.

50.) Welcher Ablauf entspricht „Dump and Chase“ im Eishockey?

☐ A: Ein Stürmer bleibt an der gegnerischen blauen Linie stehen und erwartet einen direkten langen Pass für einen Alleingang.

☐ B: Der Puckführer dribbelt durch die neutrale Zone und überquert mit kontrollierter Scheibe die blaue Linie, während Mitspieler die Breite halten.

☐ C: Der Puck wird tief ins Angriffsdrittel gespielt; nachsetzende Mitspieler versuchen anschließend, ihn unter Druck auf die Verteidiger zurückzugewinnen.

☐ D: Die Verteidiger tauschen den Puck hinter dem eigenen Tor und warten, bis der Gegner seine vorderste Reihe auswechselt.

51.) Welche Übergangsregel begleitete 1979 die Einführung der Helmpflicht für NHL-Spieler?

☐ A: Langjährige Profis konnten ihren Kopfschutz während der Hauptrunde ablegen, mussten ihn aber ab Beginn der Playoffs tragen.

☐ B: Wer vor dem Stichtag bereits einen Profivertrag unterschrieben hatte, durfte nach einer Verzichtserklärung weiterhin ohne Helm spielen.

☐ C: Ein älterer Spieler erhielt die Befreiung durch einen Mannschaftsarzt, der dafür jährlich seine bisherige Verletzungsgeschichte überprüfte.

☐ D: Die Ausnahme war an den bisherigen Verein gebunden und erlosch, sobald der Spieler zu einer anderen NHL-Mannschaft wechselte.

52.) Was bewirkte die NHL-Regelung für langfristig verletzte Spieler beim Gehaltslimit nach dem Tarifvertrag von 2013?

☐ A: Sein Klub durfte unter festgelegten Bedingungen das Gehaltslimit überschreiten; der Vertrag des Verletzten blieb jedoch weiterhin Bestandteil der Berechnung.

☐ B: Für einen Ersatzspieler galt eine eigene Gehaltsabrechnung, deren Kosten erst nach der Rückkehr des Verletzten mit dem Mannschaftsbudget verrechnet wurden.

☐ C: Die Mannschaft konnte den Gehaltswert des Verletzten zwischen dem laufenden und dem folgenden Vertragsjahr verteilen und dadurch Ersatz finanzieren.

☐ D: Der Vertrag des Verletzten wurde vorübergehend aus der Gehaltsabrechnung entfernt, sodass sein Klub den dadurch frei gewordenen Betrag ansparen konnte.

53.) Wie erhielten die Vegas Golden Knights beim Erweiterungsdraft 2017 Zugang zu Spielern bestehender NHL-Klubs?

☐ A: Vegas verhandelte zunächst mit sämtlichen Spielern über neue Verträge, während die bisherigen Klubs bei gleichen Konditionen ein Übernahmerecht behielten.

☐ B: Die Klubs benannten geschützte Spieler; Vegas wählte aus den verfügbaren Spielern anschließend jeweils einen von jedem bestehenden Verein.

☐ C: Die bestehenden Vereine boten jeweils einen Spieler verbindlich an; Vegas entschied anschließend, welche dieser Angebote es gegen Draftrechte annahm.

☐ D: Eine Losziehung bestimmte für jede Position mehrere Spieler, aus denen Vegas seinen Kader nach einer festgelegten Reihenfolge zusammenstellen durfte.

54.) Welcher Handpass ist nach IIHF-Regeln 2021/22 zulässig, wenn anschließend ein Mitspieler unmittelbar den Puck erhält?

☐ A: Ein Spieler schlägt den Puck mit offener Hand zu einem Mitspieler, während beide Kontakte innerhalb der eigenen Verteidigungszone erfolgen.

☐ B: Ein Angreifer lenkt den fliegenden Puck mit offener Hand zu einem Mitspieler, der ebenfalls im gegnerischen Drittel steht.

☐ C: Aus der neutralen Zone schlägt ein Spieler den Puck mit der Hand rückwärts zu einem Mitspieler im eigenen Drittel.

☐ D: Ein Verteidiger schlägt den Puck aus seinem Drittel mit offener Hand zu einem Mitspieler jenseits der eigenen blauen Linie.

55.) Wie veränderte die NHL zwischen 1998 und 2000 die Besetzung der Spielleitung auf dem Eis?

☐ A: Ein zusätzlicher Linienrichter übernahm die neutrale Zone, während der bisherige Hauptschiedsrichter beide Endzonen weiterhin allein betreute.

☐ B: Zu einem Hauptschiedsrichter und zwei Linienrichtern kam ein zweiter Hauptschiedsrichter hinzu; die Zahl der Linienrichter blieb dabei gleich.

☐ C: Die beiden Linienrichter erhielten dieselben Befugnisse wie der Hauptschiedsrichter, sodass drei gleichberechtigte Offizielle sämtliche Aufgaben gemeinsam wahrnahmen.

☐ D: Einer der beiden Linienrichter übernahm die Aufgaben eines zweiten Hauptschiedsrichters; dadurch kam das neue System weiterhin mit drei Offiziellen aus.

56.) Welche Körperhaltung kennzeichnet eine Butterfly-Abwehr des Eishockeytorhüters?

☐ A: Der Torhüter stellt einen Beinschoner senkrecht an den Pfosten und legt den anderen quer auf das Eis.

☐ B: Mit ausgestrecktem Schläger gleitet der Torhüter dem Angreifer entgegen, während beide Beine hinter dem Körper auf dem Eis liegen.

☐ C: Der Torhüter bleibt auf den Kufen, zieht die Füße eng zusammen und stoppt flache Schüsse durch seitliches Drehen der Beine.

☐ D: Der Torhüter senkt beide Knie zum Eis und dreht die Beinschoner nach außen, um den unteren Torbereich abzudecken.

57.) Was geschieht mit einem alten Gravurring, wenn am Stanley Cup Platz für weitere Meistermannschaften geschaffen wird?

☐ A: Der Ring wird in Abschnitte geteilt, die den darauf verzeichneten Meistervereinen zur Ausstellung in ihren eigenen Arenen übergeben werden.

☐ B: Der älteste große Ring wird abgenommen und in der Hockey Hall of Fame bewahrt; ein neuer Ring schafft weiteren Gravurplatz.

☐ C: Die bisherigen Namen werden abgeschliffen; anschließend wird derselbe Ring wieder eingesetzt und über mehrere Spielzeiten mit neuen Namen versehen.

☐ D: Die bisherigen Gravuren werden auf einen größeren Ring übertragen, der über das vorhandene Unterteil gesetzt und am Pokal befestigt wird.

58.) Welche Aufgabe gehört nach IIHF-Regeln 2021/22 besonders zur Zuständigkeit der Linienrichter?

☐ A: Sie bewerten die Schwere angezeigter Fouls und legen fest, ob dafür eine kleine oder große Zeitstrafe verhängt wird.

☐ B: Bei strittigen Toren treffen sie nach dem Videostudium die abschließende Entscheidung und geben diese dem Hallensprecher weiter.

☐ C: Bei Unterbrechungen überprüfen sie große Strafen anhand der Zeitlupen und entscheiden anschließend, ob die verhängte Strafdauer bestehen bleibt.

☐ D: Sie beurteilen Abseits und Icing, leiten viele Bullys und können dem Hauptschiedsrichter bestimmte selbst beobachtete Regelverstöße melden.

59.) Welche Größen werden für die Eishockeykennzahl PDO gewöhnlich bei fünf gegen fünf addiert?

☐ A: Die eigene Schussquote und die eigene Fangquote werden addiert, wobei beide Werte aus denselben Spielsituationen stammen müssen.

☐ B: Man verbindet den Anteil eigener Schussversuche mit dem Anteil gewonnener Bullys, um die Spielkontrolle einer Mannschaft zu beschreiben.

☐ C: Die Anteile eigener und gegnerischer Tore an den jeweiligen Schüssen werden addiert, um die Abschlusswirksamkeit beider Mannschaften gemeinsam abzubilden.

☐ D: Erwartete eigene Tore und tatsächlich verhinderte Gegentore werden zusammengezählt und anschließend auf eine volle Spielstunde umgerechnet.

60.) Was ermöglicht das reguläre Waiver-Verfahren vor der Versetzung eines entsprechend erfahrenen NHL-Spielers in die Farmliga?

☐ A: Der abgebende Klub bietet den Vertrag in einer verdeckten Auktion an und entscheidet anschließend, welches Übernahmeangebot er akzeptiert.

☐ B: Der Spieler kann während einer kurzen Frist selbst einen anderen Verein auswählen, der ihm mindestens dieselben Vertragsbedingungen anbietet.

☐ C: Die Mannschaft kann während dieser Frist ausstehende Vertragsjahre gegen eine vorgeschriebene Zahlung beenden; danach verhandelt der Spieler als vertragsfreier Profi.

☐ D: Andere NHL-Klubs können den Spieler innerhalb der vorgesehenen Frist samt bestehendem Vertrag beanspruchen, bevor seine Versetzung erfolgt.

61.) Welche Bedeutung hatten die acht Arme der Krake bei der Detroiter Fantradition von 1952?

☐ A: Die Arme standen für acht besonders verdiente Spieler, denen die Fischhändler der Stadt vor dem Endspiel gemeinsam danken wollten.

☐ B: Sie erinnerten an acht aufeinanderfolgende Heimsiege, mit denen Detroit vor den Playoffs seine Stärke im eigenen Stadion gezeigt hatte.

☐ C: Das Tier sollte Detroits Schlussmann als vielseitigen Torhüter darstellen, der den gegnerischen Schüssen scheinbar mit zusätzlichen Händen begegnete.

☐ D: Sie symbolisierten die acht Playoff-Siege, die eine Mannschaft im damaligen Modus für den Gewinn des Stanley Cup benötigte.

62.) Wozu kann warmes Flutwasser bei der Aufbereitung einer Eishockeyfläche beitragen?

☐ A: Die Kälteanlage benötigt dadurch weniger Energie, weil die höhere Ausgangstemperatur das Erstarren beschleunigt und den zusätzlichen Wärmeeintrag mehr als ausgleicht.

☐ B: Seine Wärme schmilzt die vom Hobelmesser abgeschabten Eisspäne, damit diese mit geringerem Volumen im Schneetank der Maschine gesammelt werden können.

☐ C: Es kann die beschädigte Oberfläche leicht anschmelzen und die Verbindung der dünnen neuen Wasserschicht mit dem vorhandenen Eis verbessern.

☐ D: Es übernimmt das Ausspülen von Schmutzpartikeln aus den verbliebenen Rillen und wird anschließend über die Absaugung in den Waschwassertank zurückgeführt.

63.) Welcher Konflikt führte 1917 unmittelbar zur Gründung der National Hockey League?

☐ A: Eine Auseinandersetzung über die Größe der Eisflächen führte zur Aufteilung der bisherigen Liga in eine westliche und eine östliche Organisation.

☐ B: Die Vereine trennten sich wegen unterschiedlicher Vorstellungen über die Einführung bezahlter Spieler von einem bislang ausschließlich aus Amateuren bestehenden Verband.

☐ C: Mehrere Klubbesitzer legten die bisherige National Hockey Association still und gründeten eine neue Liga ohne den Torontoer Eigentümer Eddie Livingstone.

☐ D: Weil Montreal nach einem Hallenbrand keinen Spielbetrieb mehr anbieten konnte, gründeten die übrigen Vereine eine neue Liga mit anderen Austragungsorten.

64.) Welche Änderung brachte die Saison 1981/82 für die Vergabe der Vezina Trophy?

☐ A: Die Auszeichnung wurde in zwei Preise aufgeteilt, von denen jeweils einer an den statistisch erfolgreichsten Torwart jeder Konferenz ging.

☐ B: Die Generalmanager wählten nun den besten Torhüter; für die wenigsten Mannschaftsgegentore wurde mit der Jennings Trophy eine eigene Auszeichnung geschaffen.

☐ C: Eine Journalistenwahl ersetzte die bisherige Berechnung, und dabei wurden Leistungen aus Hauptrunde und Playoffs zu einer gemeinsamen Bewertung verbunden.

☐ D: Der Preis ging fortan an den Torwart mit den meisten Siegen, wobei bei Gleichstand seine persönliche Fangquote entschied.

65.) Welchen taktischen Nutzen hat nach IIHF-Regeln 2021/22 der letzte Wechsel der Heimmannschaft bei einer regulären Spielunterbrechung?

☐ A: Nach dem Heimwechsel muss die gegnerische Reihe bis zur nächsten Unterbrechung auf dem Eis bleiben, sodass ihre Paarungen länger bestehen bleiben.

☐ B: Der Heimtrainer darf den nächsten Anspielpunkt innerhalb des vorgesehenen Drittels auswählen und seine gewünschte Reihe darauf ausrichten.

☐ C: Die Heimreihe darf ihre Positionen beim Bully nach der Gastreihe beziehen und erhält dadurch das Vorrecht auf die günstigeren Aufstellungsplätze.

☐ D: Der Heimtrainer sieht zuerst die Aufstellung des Gastes und kann anschließend eine dazu passende eigene Reihe aufs Eis schicken.

66.) Warum werden Eishockeykufen nach dem Schleifen fachgerecht entgratet?

☐ A: Das Werkzeug verändert die Längskrümmung der Kufe und verkürzt dadurch die Kontaktzone unter dem Vorderfuß des Schlittschuhs.

☐ B: Man rundet die beiden tragenden Kanten bewusst ab, damit sich die frisch geschliffene Kufe bei Seitwärtsbewegungen leichter vom Eis löst.

☐ C: Dabei werden dünne, seitlich umgelegte Metallreste entfernt, die beim Schleifen entstehen und eine sauber ausgebildete Kufenkante beeinträchtigen können.

☐ D: Die Nachbearbeitung vertieft den Hohlschliff in der Kufenmitte und passt damit den vorgesehenen Schliffradius an das Körpergewicht an.

67.) Welche verbreitete Vorstellung prägt den Umgang mancher NHL-Mannschaften mit einer gerade gewonnenen Konferenztrophäe?

☐ A: Die Spieler verbergen die Trophäe bei der Ehrung unter einem Trikot, damit die Öffentlichkeit den endgültigen Sieger noch nicht vorwegnimmt.

☐ B: Jeder eingesetzte Spieler muss die Trophäe kurz tragen, da ein ausgelassener Mitspieler nach diesem Brauch die nächste Serie gefährdet.

☐ C: Der Kapitän übergibt die Trophäe zunächst dem gegnerischen Kapitän, weil dessen Berührung als glückbringende Anerkennung des Finaleinzugs gilt.

☐ D: Sie lassen die Trophäe unberührt, weil sie vor dem angestrebten Stanley-Cup-Sieg kein vermeintliches Unglück durch vorzeitiges Feiern riskieren möchten.

68.) Worin unterscheidet sich eine vollständige No-Movement-Klausel von einer reinen No-Trade-Klausel im NHL-Spielervertrag?

☐ A: Bei einer No-Movement-Klausel kann auch ein gemeinsam gewünschter Vereinswechsel erst nach Vertragsende erfolgen; eine No-Trade-Klausel lässt vorzeitige Wechsel zu.

☐ B: Sie verhindert zusätzlich einen Vertragsrückkauf, während ein Verein einen Spieler mit reiner No-Trade-Klausel gegen die vorgesehene Entschädigung auszahlen darf.

☐ C: Eine No-Movement-Klausel gibt dem Spieler die freie Wahl eines neuen Vereins; bei einer No-Trade-Klausel bestimmt dagegen sein bisheriger Klub das Ziel.

☐ D: Sie schützt zusätzlich vor bestimmten einseitigen Versetzungen und Waivers; die reine No-Trade-Klausel betrifft dagegen einen Transfer ohne Zustimmung.

69.) Worin unterscheiden sich Fangquote und Gegentorschnitt bei der statistischen Bewertung eines Eishockeytorhüters?

☐ A: Die Fangquote setzt gehaltene Schüsse zu Schüssen aufs Tor ins Verhältnis; der Gegentorschnitt bezieht Gegentreffer auf 60 Einsatzminuten.

☐ B: Für die Fangquote zählen auch vorbeigegangene Schüsse des Gegners; beim Gegentorschnitt werden zusätzlich die gegnerischen Überzahlzeiten herausgerechnet.

☐ C: Die Fangquote berücksichtigt die Schwierigkeit jedes Schusses; der Gegentorschnitt zählt dagegen die Gegentreffer ohne Bewertung ihrer Entstehung.

☐ D: Der Gegentorschnitt beschreibt den Anteil gehaltener Schüsse, während die Fangquote ausschließlich vollständig zu Ende gespielte Begegnungen berücksichtigt.

70.) Warum bevorzugt man für Eishockey häufig härteres Eis als für Eiskunstlauf?

☐ A: Die größere Härte verringert den Rückprall des Pucks von der Eisfläche und übernimmt damit einen Teil der Wirkung seiner Vorkühlung.

☐ B: Es widersteht der intensiven Beanspruchung durch schnelle Laufwege besser; etwas weicheres Eis kann im Eiskunstlauf das Einschneiden der Kufen erleichtern.

☐ C: Die härtere Oberfläche lässt die Kufenkanten tiefer eindringen und erleichtert dadurch das kräftige Abstoßen bei kurzen, schnellen Antritten.

☐ D: Härteres Eis bremst die Scheibe stärker ab, sodass schnelle Pässe kürzere Strecken zurücklegen und sich vor dem Tor leichter kontrollieren lassen.

71.) Welche Aufgabe übernimmt der NHL-Situationsraum in Toronto bei der Überprüfung strittiger Torszenen?

☐ A: Er liefert den Arenen passende Kameraperspektiven zur selbstständigen Auswertung; zentrale Mitarbeiter entscheiden dabei weder über die Prüfung noch über deren Ergebnis.

☐ B: In Toronto wird die fristgerechte Anmeldung eines Trainerprotests geprüft; die Bewertung der strittigen Torbilder erfolgt anschließend durch das Schiedsrichterteam vor Ort.

☐ C: Er verfolgt die Spiele zentral und unterstützt oder übernimmt die regelgemäße Videoprüfung, etwa zur vollständigen Überquerung der Torlinie.

☐ D: Er prüft übersehene Haken- und Haltevergehen und weist die Schiedsrichter bei der nächsten Unterbrechung an, dafür nachträglich kleine Strafen auszusprechen.

72.) Wie machte das 1996 eingeführte FoxTrax-System den Eishockeypuck im Fernsehbild leichter erkennbar?

☐ A: Infrarotsender im Puck lieferten Positionssignale; Computer ergänzten daraus eine farbige Markierung und bei schnellen Bewegungen eine Spur im Fernsehbild.

☐ B: Bildverarbeitung erkannte den schwarzen Puck in mehreren gewöhnlichen Kameraperspektiven und ergänzte dessen berechnete Position anschließend um eine farbige Hervorhebung.

☐ C: Empfänger rund um die Eisfläche bestimmten die Position eines Funktransponders in der Scheibe; die Bildregie setzte an dieser Stelle eine Markierung ein.

☐ D: Ein fluoreszierender Farbstoff markierte den Puck, und entsprechend gefilterte Kameras isolierten dessen Licht für eine farbige Hervorhebung im Fernsehbild.

73.) Was unterscheidet einen primären von einem sekundären Assist im NHL-Spielbericht?

☐ A: Ein direkter Pass wird als primärer Assist verbucht, während abgefälschte Zuspiele unabhängig von ihrer Reihenfolge als sekundäre Assists gelten.

☐ B: Der primäre Assist wird bei Gleichzahl vergeben; ein sekundärer Assist bezeichnet dieselbe Vorarbeit während einer Überzahl oder Unterzahl.

☐ C: Der primäre Assist ist die letzte anerkannte Vorarbeit vor dem Torschützen; der sekundäre Assist ist die davor anerkannte Vorarbeit.

☐ D: Der primäre Assist zählt für die persönliche Punktewertung, während ein sekundärer Assist nur in der Mannschaftsstatistik des Spiels erscheint.

74.) Welche Spielsituation beschreibt einen One-Timer beim Abschluss auf das Eishockeytor?

☐ A: Ein Spieler trifft das Zuspiel eines Mitspielers mit einer unmittelbar ausgeführten Schussbewegung, ohne den ankommenden Puck zuvor auf seiner Kelle zu stoppen.

☐ B: Nach einer Torwartabwehr sichert ein Angreifer den freien Puck, zieht ihn neben den Beinschonern vorbei und schießt aus dem neu gewonnenen Winkel.

☐ C: Vor dem Tor hält ein Angreifer seine Kelle in die Bahn eines bereits abgegebenen Schusses und lenkt ihn dadurch am Torhüter vorbei.

☐ D: Der Spieler führt die Scheibe seitlich am Körper, verlagert sein Gewicht und beschleunigt sie mit einer ziehenden Bewegung seiner Schlägerkelle zum Tor.

75.) Welche Beschreibung entspricht einem Eishockeytor nach dem IIHF-Regelwerk 2021/22?

☐ A: Die Pfosten stehen innen 183 Zentimeter auseinander und reichen 122 Zentimeter hoch; flexible Befestigungen lassen das Tor bei stärkerem Kontakt ausweichen.

☐ B: Bei einer Breite von 183 Zentimetern erreicht das Tor eine Höhe von 107 Zentimetern; nachgiebige Zapfen sichern das Gestell auf der Torlinie.

☐ C: Das Tor misst 183 mal 122 Zentimeter und wird über starre Verschraubungen im Boden befestigt; gepolsterte Pfosten übernehmen dabei den Aufprallschutz.

☐ D: Die 183 Zentimeter breite und 122 Zentimeter hohe Konstruktion bleibt durch ihr beschwertes Untergestell an Ort und Stelle und benötigt keine Bodenbefestigung.

76.) Welche untere Altersgrenze galt für erstmals auswählbare Spieler beim NHL-Draft 2025?

☐ A: Am Tag der Auswahl musste das achtzehnte Lebensjahr bereits vollendet sein; spätere Geburtstage wurden erst im folgenden Draft berücksichtigt.

☐ B: Der achtzehnte Geburtstag musste spätestens auf den 15. September 2025 fallen; am eigentlichen Drafttag durfte der Spieler noch siebzehn sein.

☐ C: Eine vollständige Saison in einer anerkannten Profiliga eröffnete auch jüngeren Talenten den Zugang, sofern ihr bisheriger Verein zustimmte.

☐ D: Bei nordamerikanischen Talenten war der Abschluss der Juniorenspielberechtigung maßgeblich, während internationale Spieler nach ihrem ersten Profivertrag auswählbar wurden.

77.) Welche Aktion ist ein eindeutiges Beispiel für „Slew-Footing" im Eishockey?

☐ A: Ein Angreifer setzt den Ellbogen seitlich gegen die Schulter des Gegners, um sich im Laufduell zusätzlichen Raum zu verschaffen.

☐ B: Beim Nachsetzen stößt ein Spieler seinen Gegner mit dem zwischen beiden Händen gehaltenen Schlägerschaft gegen dessen oberen Rücken.

☐ C: Ein Spieler zieht mit dem Fuß die Beine seines Gegners weg und drückt dessen Oberkörper gleichzeitig nach hinten.

☐ D: Der Schläger eines Verteidigers verhakt sich am Arm des Puckführenden und zieht diesen beim Anlaufen aus dem Gleichgewicht.

78.) Wozu dienen die waagerechte und die senkrechte Förderschnecke einer Eisbearbeitungsmaschine?

☐ A: Die waagerechte Schnecke sammelt abgeschabtes Eis zur Mitte; die senkrechte befördert es anschließend hinauf in den Schneeaufnahmebehälter.

☐ B: Über beide Schnecken gelangt das aufbereitete Wasser in den hinteren Verteiler, dessen Tuch die neue Eisschicht glattzieht.

☐ C: Ihre Drehbewegung steuert die Schnitttiefe des Messers und gleicht Höhenunterschiede zwischen der Spielfeldmitte und den Randbereichen aus.

☐ D: Sie mischen zurückgewonnenes Waschwasser mit Frischwasser und halten dadurch die aufgetragene Wasserschicht über die gesamte Bahnbreite gleichmäßig.

79.) Wie erfasst das NHL-System für Puck- und Spielertracking die Positionen auf dem Eis?

☐ A: Kameras erfassen Infrarotsignale von Sendern in den Pucks und an der Spielerausrüstung; daraus berechnet das System ihre Positionen.

☐ B: Eine optische Software erkennt Rückennummern und Puckkonturen in Fernsehbildern und ordnet deren Bewegungen den einzelnen Spielzügen zu.

☐ C: Ein Funknetz bestimmt die Positionen über Laufzeiten aktiver Transponder in Pucks und Trikots und ordnet sie festen Kennungen zu.

☐ D: Radarantennen unter dem Hallendach messen fortlaufend Bewegungsrichtung und Entfernung der Spieler; reflektierende Markierungen ermöglichen dabei die Zuordnung der erfassten Pucks.

80.) Was unterscheidet einen natürlichen Hattrick von einem gewöhnlichen Hattrick im Eishockey?

☐ A: Ein Spieler trifft in jedem der drei regulären Spielabschnitte einmal, sodass seine Tore gleichmäßig über die Partie verteilt sind.

☐ B: Die drei Tore verteilen sich auf Überzahl, Unterzahl und Gleichzahl, wodurch der Spieler in unterschiedlichen Mannschaftsstärken erfolgreich ist.

☐ C: Ein Spieler erzielt drei Tore unmittelbar nacheinander in der Torfolge des Spiels, ohne dass zwischendurch ein anderer Spieler trifft.

☐ D: Alle drei Treffer entstehen während desselben Einsatzes auf dem Eis, bevor der Torschütze erstmals wieder zur Spielerbank wechselt.

81.) Welche Konstellation prägte die Summit Series von 1972?

☐ A: Die NHL und ihre nordamerikanische Konkurrenzliga stellten je eine Auswahl, um anschließend einen gemeinsamen Meisterschaftsmodus zu erproben.

☐ B: Ein neu gebildetes europäisches Auswahlteam trat gegen die besten NHL-Spieler an; jede Partie wurde in einer anderen Nation ausgetragen.

☐ C: Eine kanadische Auswahl mit NHL-Profis traf in acht Spielen auf die sowjetische Nationalmannschaft und gewann die Serie denkbar knapp.

☐ D: Kanadische und sowjetische Vereinsmeister spielten eine gemeinsame Endrunde, deren Sieger zusätzlich den europäischen Klubpokal erhielt.

82.) Welche Aktion führt nach den NHL-Regeln 2025/26 ohne erforderlichen Absichtsnachweis zu einer Strafe wegen Spielverzögerung?

☐ A: Ein Spieler schießt den Puck aus seiner Verteidigungszone unmittelbar über die Schutzscheibe ins Publikum, ohne vorherige Ablenkung.

☐ B: Ein Verteidiger befördert den Puck aus der eigenen Zone über die Bande direkt in die offene Spielerbank.

☐ C: Ein Angreifer schießt aus der gegnerischen Zone über die Schutzscheibe, ohne dass ein anderer Spieler den Puck vorher berührt.

☐ D: Der Puck prallt in der Verteidigungszone vom Schläger eines Gegenspielers ab und fliegt anschließend über die Schutzscheibe hinaus.

83.) Welche Bedeutung hatte Deutschlands Abschneiden bei der Eishockey-Weltmeisterschaft der Männer 2023?

☐ A: Nach einem erfolgreichen Viertelfinale gegen Schweden verpasste Deutschland durch zwei anschließende Niederlagen eine Medaille und beendete das Turnier als Vierter.

☐ B: Die Mannschaft gewann nach einer Finalniederlage gegen Kanada Silber und damit ihre erste WM-Medaille seit siebzig Jahren.

☐ C: Ein Halbfinalerfolg über Kanada sicherte die Silbermedaille; im Endspiel musste sich das Team anschließend der Schweiz geschlagen geben.

☐ D: Der dritte Platz brachte die erste WM-Bronzemedaille seit 1934, nachdem Deutschland das abschließende Spiel gegen die USA gewonnen hatte.

84.) Welchen Trick verbot die NHL ab 2014/15 bei Strafschüssen und im Penaltyschießen?

☐ A: Die vollständige Drehung um die eigene Achse mit dem Puck, bei der der Schütze den Torhüter mit einem Spin-o-rama täuscht.

☐ B: Der Abschluss mit einem zwischen den eigenen Beinen hindurchgeführten Schläger, nachdem der Spieler den Puck zuvor seitlich kontrolliert hat.

☐ C: Eine weite seitliche Anfahrt vor dem Abschluss, bei der der Schütze aus der Mitte bis nahe an den Bullykreis ausweicht.

☐ D: Ein absichtlich verzögerter Handgelenkschuss nach einer angedeuteten Rückhandbewegung, mit dem der Schütze den Torhüter zuerst zu Boden lockt.

85.) Was bezeichnet das Profil einer Eishockeykufe im Unterschied zu ihrem Hohlschliff?

☐ A: Gemeint ist die Härteverteilung im Stahl, die festlegt, wie lange die beiden Kanten ihre ursprüngliche Schärfe behalten.

☐ B: Es beschreibt die Längsform der Kufe von der Spitze zur Ferse und beeinflusst damit ihre Kontaktfläche auf dem Eis.

☐ C: Das Profil gibt den Winkel zwischen Kufenhalter und Schuhsohle an; seine Veränderung verschiebt den seitlichen Stand des Spielers.

☐ D: Der Begriff bezeichnet die quer verlaufende Rinne zwischen den Kanten, deren Tiefe über seitlichen Griff und Gleitwiderstand entscheidet.

86.) Welche Aufgabe kennzeichnete den traditionellen „Enforcer“ im nordamerikanischen Eishockey?

☐ A: Diese Bezeichnung galt dem Führungsspieler, der als gewählter Mannschaftsvertreter strittige Spielsituationen gegenüber den Schiedsrichtern erläutern durfte.

☐ B: Als beweglicher Stürmer störte er den gegnerischen Aufbau früh und erzwang durch hohes Lauftempo Fehler der puckführenden Verteidiger.

☐ C: Körperliche Abschreckung und die Bereitschaft zu Faustkämpfen gehörten zu seiner Rolle, mit der er Mitspieler vor gegnerischen Übergriffen schützen sollte.

☐ D: Er führte als defensiver Mittelstürmer die Unterzahlformation und spezialisierte sich darauf, gegnerische Überzahlspielzüge schon an der blauen Linie zu unterbrechen.

87.) Welche Erfolge muss ein Spieler für den IIHF „Triple Gold Club“ verbinden?

☐ A: Er gewinnt Olympiagold, die Weltmeisterschaft der Männer und den Stanley Cup; die drei Erfolge dürfen aus verschiedenen Jahren stammen.

☐ B: Neben einem olympischen Turniersieg sind die NHL-Auszeichnungen für den wertvollsten Spieler und den besten Punktesammler in einer Saison erforderlich.

☐ C: Drei aufeinanderfolgende Weltmeistertitel mit derselben Nationalmannschaft bilden die Voraussetzung, sofern er bei jedem Turnier selbst zum Einsatz kam.

☐ D: Der Spieler sammelt drei Meisterschaften in unterschiedlichen nationalen Profiligen und gewinnt zusätzlich eine Medaille bei einem internationalen Turnier.

88.) Welche Aktion von Sean Avery führte 2008 zu einer neuen NHL-Auslegung für unsportliches Verhalten?

☐ A: Avery schob einen verlorenen Handschuh in den Torraum, um den Torhüter bei seitlichen Bewegungen vor dem nächsten Schuss zu behindern.

☐ B: Er schlug mit dem Schläger wiederholt gegen beide Torpfosten, um den Torhüter während eines Überzahlspiels durch die Geräusche abzulenken.

☐ C: Während eines Bullys verdeckte er die Sicht des gegnerischen Centers mit seinem Handschuh und verzögerte dadurch das Einwerfen des Pucks.

☐ D: Er wandte sich dem Torhüter statt dem Spielgeschehen zu und wedelte mit Händen und Schläger vor dessen Gesicht.

89.) Welcher Anlass führte 2002 zur verbindlichen Einführung zusätzlicher Fangnetze in NHL-Arenen?

☐ A: Nach dem tödlichen Treffer eines Pucks auf eine junge Zuschauerin in Columbus beschloss die Liga zusätzliche Netze zum Schutz der Tribünen.

☐ B: Wiederholt waren Gegenstände von den Tribünen auf die Spielerbänke gefallen, weshalb die Liga den Zugang zum Eis oberhalb der Banden abschirmte.

☐ C: Mehrere beschädigte Fernsehkameras hinter den Toren veranlassten die Liga, die dortigen Arbeitsbereiche mit einem einheitlichen Netzsystem abzuschirmen.

☐ D: Beim Neubau mehrerer Hallen wurden niedrigere Schutzscheiben vorgeschrieben; die Netze sollten den dadurch entfallenen oberen Teil der Scheiben ersetzen.

90.) Welche besondere Ehrung erhielt die Kanadierin Angela James im Jahr 2010?

☐ A: Gemeinsam mit Cammi Granato gehörte sie zu den ersten beiden Frauen, die in die Hockey Hall of Fame aufgenommen wurden.

☐ B: Hockey Canada zeichnete sie mit dem Order of Hockey in Canada für ihre langjährigen Verdienste um den kanadischen Eishockeysport aus.

☐ C: Kanadas Sports Hall of Fame nahm sie wegen ihrer Erfolge als Weltmeisterin in ihre sportartenübergreifende Reihe herausragender Persönlichkeiten auf.

☐ D: Mit der Aufnahme in die IIHF Hall of Fame würdigte der Weltverband ihre Leistungen im internationalen Fraueneishockey und ihr sportliches Lebenswerk.

91.) Worum drehte sich die Torraumkontroverse um Brett Hulls entscheidenden Treffer im Stanley-Cup-Finale 1999?

☐ A: Der Puck hatte den Torrahmen seitlich verschoben, bevor Hull ihn einschob; strittig war die verbleibende Befestigung am Eis.

☐ B: Ein Mitspieler hatte den Torhüter mit der Schlägerkelle berührt; die Schiedsrichter mussten einen abgefälschten Schuss von Torwartbehinderung unterscheiden.

☐ C: Beim Abschluss befand sich Hulls Schläger oberhalb der Querlatte, weshalb eine mögliche hohe Berührung des Pucks geprüft werden musste.

☐ D: Hulls Schlittschuh stand im Torraum, während sich der Puck außerhalb befand; die Anerkennung hing mit der Auslegung seines Puckbesitzes zusammen.

92.) Was folgt nach NHL-Regelbuch 2025/26 aus einer berechtigten Beanstandung einer zu stark gekrümmten Schlägerkelle?

☐ A: Der betreffende Spieler muss den Rest des Spiels aussetzen, während seine Mannschaft auf dem Eis ihre bisherige Stärke behält.

☐ B: Die Mannschaft verliert das zuletzt erzielte Tor, erhält aber Gelegenheit, den beanstandeten Schläger ohne Zeitstrafe auszutauschen.

☐ C: Der Spieler erhält eine kleine Strafe und muss den unerlaubten Schläger ersetzen; ein zuvor erzieltes Tor wird deshalb nicht aberkannt.

☐ D: Die Vermessung wird als Materialkontrolle vermerkt; der Schläger darf bis zur nächsten Drittelpause ohne weitere Folgen benutzt werden.

93.) Welche Aufgabe übernimmt ein „Concussion Spotter" im medizinischen Beobachtungssystem der NHL?

☐ A: Seine Aufgabe ist die ärztliche Zweitbewertung bereits untersuchter Spieler, bevor diese nach einer festgestellten Gehirnerschütterung wieder aufgestellt werden.

☐ B: Er achtet auf sichtbare Hinweise einer möglichen Gehirnerschütterung und hilft, betroffene Spieler zeitnah einer medizinischen Untersuchung zuzuführen.

☐ C: Er betreut die standardisierten Ausgangstests vor Saisonbeginn und archiviert deren Ergebnisse für spätere Vergleiche durch das medizinische Mannschaftspersonal.

☐ D: Bei Kopfkontakten bewertet er die Regelwidrigkeit anhand der Wiederholung und bereitet eine nachträgliche Disziplinarentscheidung der zuständigen Ligastelle vor.

94.) Welche Phase der NHL-Geschichte wird gewöhnlich als „Dead Puck Era“ bezeichnet?

☐ A: Die vollständig ausgefallene NHL-Saison 2004/05, in der kein Ligaspiel stattfand und anschließend die Grundlage für eine neue Spielzeit vereinbart wurde.

☐ B: Eine durch vergleichsweise niedrige Torzahlen geprägte Phase besonders der späten 1990er und frühen 2000er Jahre mit starkem Defensivspiel.

☐ C: Die Phase vor der Einführung der roten Mittellinie, in der Pässe aus dem Verteidigungsdrittel über die blaue Linie eingeschränkt waren.

☐ D: Die torarme Saison 1928/29 und die anschließende Umstellung des Passspiels, mit der Vorwärtspässe innerhalb sämtlicher drei Zonen zugelassen wurden.

95.) Welche Kombination von Eigenschaften würdigt die Lady Byng Memorial Trophy der NHL?

☐ A: Führungsstärke innerhalb der Kabine zusammen mit ehrenamtlichem Engagement am Heimatort, wobei die erzielten Punkte eine untergeordnete Rolle spielen.

☐ B: Besonders faires sportliches Verhalten in Verbindung mit hoher spielerischer Qualität während der regulären Saison, beurteilt durch die zuständigen Eishockeyjournalisten.

☐ C: Herausragendes Defensivspiel eines Stürmers, insbesondere beim Verhindern gegnerischer Chancen und beim zuverlässigen Arbeiten gegen den Puck in Unterzahl.

☐ D: Eine überzeugende Rückkehr nach einer schweren Verletzung, verbunden mit besonderem Durchhaltevermögen und dem Einsatz für die eigene Mannschaft.

96.) Wie begann das Penaltyschießen in der Vorrunde der Männer-Weltmeisterschaft 2025 nach einer torlosen Verlängerung?

☐ A: Jedes Team bestimmte drei Schützen; war danach kein Sieger gefunden, musste zunächst jeder weitere Feldspieler einmal antreten.

☐ B: Vor dem ersten Versuch wurden fünf feste Schützenpaare gemeldet, deren Reihenfolge auch bei späteren Entscheidungsrunden unverändert blieb.

☐ C: Der Trainer nominierte einen Schützen für alle Versuche seiner Mannschaft; nach jedem Durchgang durfte dieser Spieler ersetzt werden.

☐ D: Vorgesehen waren zunächst fünf verschiedene Schützen je Mannschaft; nach Gleichstand durften in weiteren Runden auch bereits eingesetzte Spieler erneut antreten.

97.) Welche spielerische Möglichkeit eröffnete die NHL 1943 mit der Einführung der roten Mittellinie?

☐ A: Mit der neuen Linie durfte ein Verteidiger den Puck aus der eigenen Zone unmittelbar zu einem Mitspieler jenseits der Mittellinie passen.

☐ B: Vorwärtspässe innerhalb des Angriffsdrittels wurden erstmals zugelassen, wodurch Angreifer den Puck vor dem Tor untereinander zuspielen konnten.

☐ C: Angreifer durften erstmals schon vor dem Puck in die gegnerische Zone fahren, sofern der Pass hinter der Mittellinie begann.

☐ D: Ein Vorwärtspass aus der eigenen Verteidigungszone durfte nun über die blaue Linie bis in die eigene Hälfte der neutralen Zone gelangen.

98.) Bei welchem Anlass wurde Eishockey erstmals als olympischer Wettbewerb ausgetragen?

☐ A: Das erste Turnier fand 1920 in Antwerpen statt und gehörte zum Programm der dortigen Olympischen Sommerspiele.

☐ B: In Chamonix 1924 wurde das Turnier als neuer Mannschaftssport in das Programm der ersten Olympischen Winterspiele aufgenommen.

☐ C: London führte den Wettbewerb 1908 zusammen mit dem Eiskunstlauf ein; beide Sportarten wurden in derselben überdachten Eisbahn ausgetragen.

☐ D: Bei den Spielen von St. Moritz 1928 erhielt Eishockey erstmals Medaillenstatus, nachdem zuvor mehrere Vorführungsspiele stattgefunden hatten.

99.) Woran erkennt man beim üblichen beidhändigen Griff einen Linksschützen im Eishockey?

☐ A: Die Bezeichnung beschreibt den Stammplatz auf dem linken Flügel; aus der Griffhaltung lässt sich die Schussseite dagegen nicht bestimmen.

☐ B: Entscheidend ist die im Alltag bevorzugte Schreibhand; ein Linkshänder wird unabhängig von seiner Handstellung am Schläger als Linksschütze bezeichnet.

☐ C: Die rechte Hand liegt am oberen Schaftende, die linke weiter unten; die Kelle wird dabei links vom Körper geführt.

☐ D: Die linke Hand greift das obere Schaftende, während die rechte weiter unten liegt und die Kelle rechts vom Körper geführt wird.

100.) Welche Rolle spielte das berühmte 4:3 der USA gegen die Sowjetunion bei Olympia 1980?

☐ A: Der Sieg gelang in der Finalrunde; für die Goldmedaille gewannen die USA anschließend auch ihre letzte Partie gegen Finnland.

☐ B: Es war ein erfolgreiches Halbfinale im K.-o.-System, durch das die USA das anschließende Endspiel gegen Finnland erreichten.

☐ C: Mit diesem abschließenden Turnierspiel sicherten sich die USA unmittelbar Gold, weil danach keine weiteren Begegnungen mehr ausgetragen wurden.

☐ D: Die Begegnung entschied das letzte Vorrundenticket; anschließend setzte sich die amerikanische Mannschaft in einem einzigen Finalspiel gegen Kanada durch.

Lösungen

Lösung 1: C – Beim Hybrid-Icing wird der wahrscheinliche Sieger des Laufduells beurteilt, bevor beide Spieler bis zur Endbande sprinten. Als Bezug dienen die Endzonen-Bullypunkte; ausschlaggebend bleibt der erwartete erste Puckkontakt. Wird der Verteidiger vorn gesehen oder ist der Ausgang unklar, wird Icing gepfiffen, sobald die Voraussetzungen erfüllt sind. Bei erwartetem Vorteil des Angreifers läuft die Partie weiter. Die Scheibe muss grundsätzlich aus der eigenen Spielhälfte über die gegnerische Torlinie gelangen. Das Verfahren verbindet die Möglichkeit, einen langen Pass zu erlaufen, mit einem früheren Abbruch gefährlicher Laufduelle. Es unterscheidet sich deshalb sowohl vom reinen Touch-Icing als auch vom automatischen Icing.

Lösung 2: C – Zambonis Familie stellte zunächst Eisblöcke für die Kühlung von Lebensmitteln her. Als moderne Kühltechnik dieses Geschäft veränderte, entstand im kalifornischen Paramount die Eisbahn Iceland. Deren Pflege erforderte mehrere Arbeitsgänge: Eis abtragen, Schnee entfernen, die Fläche reinigen und frisches Wasser verteilen. Zamboni wollte diese Arbeiten zusammenführen. Nach mehrjährigen Versuchen war 1949 das Modell A einsatzfähig. Seine Maschine sammelte den abgetragenen Schnee und hinterließ eine dünne Wasserschicht. Die Patentanmeldung erfolgte ebenfalls 1949; das Patent wurde 1953 erteilt. Die Eiskunstläuferin Sonja Henie gehörte zu den frühen Kundinnen und trug zur Bekanntheit der Erfindung bei. Der Familienname wurde zur Marke.

Lösung 3: B – Beim Para-Eishockey tragen Schlitten mit zwei Kufen die Spieler. Der Puck kann unter dem Gestell hindurchgleiten. Zwei kurze Schläger haben jeweils eine Kelle für Pässe und Schüsse sowie ein gezahntes Ende zum Abstoßen. Ein rascher Wechsel der Griffhaltung verbindet Fortbewegung und Puckkontrolle. Die Sportart entstand in den 1960er-Jahren in Schweden und wurde 1994 in Lillehammer Teil der Paralympischen Winterspiele. Eine Mannschaft spielt gewöhnlich mit fünf Feldspielern und einem Torhüter. Die reguläre Spielzeit besteht aus drei Dritteln zu je 15 Minuten. Im internationalen Wettbewerb richtet sich die Teilnahme nach einer körperlichen Beeinträchtigung im unteren Körperbereich; Frauen und Männer können gemeinsam antreten.

Lösung 4: C – Das Vorkühlen verringert die Sprungfreudigkeit des Pucks. Seine Gummimischung reagiert auf die Temperatur: Eine kalte Scheibe verformt sich beim Aufprall anders als eine warme. Dadurch wird das Verhalten auf dem Eis für die Spieler berechenbarer. Die Kühlung ersetzt jedoch keine sorgfältige Eisaufbereitung; Spurrillen und loser Eisschnee beeinflussen das Spiel weiterhin. Während einer Partie werden mehrere Pucks bereitgehalten, weil Scheiben aus der Spielfläche gelangen oder ausgetauscht werden. Die schwarze Farbe sorgt vor dem hellen Untergrund für Kontrast. Der vorgeschriebene Werkstoff ist vulkanisierter Gummi oder ein ausdrücklich zugelassenes Ersatzmaterial. Zum standardisierten Spielgerät gehören neben der Form auch festgelegte Abmessungen und ein Gewichtsbereich.

Lösung 5: B – Jacques Plante wurde im Spiel der Montreal Canadiens gegen die New York Rangers von einem Schuss Andy Bathgates im Gesicht getroffen. Nach der Behandlung kehrte er mit einer Maske zurück, die er bereits im Training benutzt hatte. Trainer Toe Blake hatte Gesichtsschutz im Spiel zuvor abgelehnt. Montreal gewann 3:1. Plantes Bedeutung liegt in der dauerhaften Durchsetzung der Maske, nicht in ihrer allerersten Verwendung: Clint Benedict hatte 1930 vorübergehend einen Gesichtsschutz getragen. Plante entwickelte später weitere Maskenmodelle. Außerdem unterstützte er den Spielaufbau durch Ausflüge aus seinem Torraum. Mit Montreal gewann er sechs Stanley Cups und wurde 1978 in die Hockey Hall of Fame aufgenommen.

Lösung 6: A – Das IIHF-Regelbuch 2021/22 nennt eine Länge von 60 Metern und eine Breite von 25 bis 30 Metern. Internationale Eisflächen sind deshalb nicht zwangsläufig breiter als nordamerikanische. Die Eckrundungen besitzen ebenfalls festgelegte Radien. Blaue Linien gliedern die Fläche in Verteidigungszone, neutrale Zone und Angriffszone. Die rote Mittellinie teilt das Feld für die Icing-Regel in zwei Hälften. Neun markierte Anspielpunkte dienen der geordneten Spielfortsetzung. Hinter den Toren bleibt bespielbarer Raum bis zur Endbande. Ein breiteres Feld verändert die verfügbaren Passwege und seitlichen Abstände; daraus folgt jedoch nicht automatisch eine bestimmte Spielgeschwindigkeit, denn diese hängt auch von Taktik und Können ab.

Lösung 7: B – Das Five Hole ist die Lücke zwischen den Beinen beziehungsweise Beinschonern des Torhüters. Die Bezeichnung ergänzt die vier klassischen Zielbereiche rechts und links, jeweils oben und unten. Ein Schuss dorthin kann besonders dann Erfolg haben, wenn der Torhüter gerade seitlich verschiebt oder seine Stellung verändert. Die Schlägerkelle hilft, die zentrale Öffnung zu sichern. Beim Absenken in den Butterfly sollen die oberen Bereiche der Beinschoner zusammenkommen. Eine gute Abdichtung hängt deshalb nicht allein von großen Schonern ab, sondern auch von Haltung und Timing. Schützen können durch eine Finte zunächst eine Bewegung auslösen und die dabei entstehende Öffnung nutzen.

Lösung 8: A – Die NHL nimmt Mannschaften in strafbedingter Unterzahl von der Icing-Regel aus. Ein langer Befreiungsschlag verschafft Zeit, zwingt den Gegner zum erneuten Aufbau und ermöglicht häufig einen Wechsel. Für das Überzahlteam bleibt die Regel bestehen. Die Ausnahme hängt an der zahlenmäßigen Unterlegenheit durch Strafen; ein herausgenommener Torhüter schafft für die andere Mannschaft nicht automatisch dieselbe Sonderstellung. Auch in Unterzahl bleiben andere Regeln gültig, beispielsweise Abseits oder der Umgang mit einem direkt aus der Verteidigungszone ins Aus geschossenen Puck. Die zulässige Befreiung ist somit ein bestimmtes Entlastungsmittel. Ob sie taktisch klug ist, hängt unter anderem von den Passmöglichkeiten und der verbleibenden Strafzeit ab.

Lösung 9: D – Vulkanisation vernetzt die langen Molekülketten des Kautschuks. Bei der klassischen Schwefelvulkanisation entstehen schwefelhaltige Brücken zwischen ihnen. Das Netzwerk verhindert, dass die Ketten bei Belastung ungehindert aneinander vorbeigleiten. Gleichzeitig bleibt eine begrenzte elastische Verformung möglich. Für einen Puck sind diese Eigenschaften entscheidend: Er muss harte Schlägerkontakte und Bandentreffer verkraften und seine Form behalten. Härte und Rücksprung hängen außerdem von der gesamten Rezeptur und der Verarbeitung ab. Ein vulkanisiertes Material lässt sich deshalb nicht wie ein gewöhnlicher Thermoplast beliebig einschmelzen und neu formen. Die spätere Kühlung vor einem Spiel verändert das mechanische Verhalten, erzeugt aber keine erneute Vulkanisation.

Lösung 10: C – Beim fliegenden Wechsel dürfen auswechselnde Spieler noch auf dem Eis sein, wenn sie sich innerhalb der vorgeschriebenen 1,50 Meter zur Bank befinden und aus dem Spiel genommen haben. Das unterscheidet den regulären Übergang von einem zusätzlichen Spieler im laufenden Geschehen. Greift während dieses Übergangs einer der beteiligten Spieler aktiv zum Puck oder in einen Gegnerkontakt ein, kann eine Strafe wegen zu vieler Spieler folgen. Eine zufällige Berührung durch einen vorbeilaufenden Puck wird gesondert beurteilt. Der Wechsel benötigt keinen Pfiff. Deshalb stimmen die Spieler ihre Ablösung sorgfältig ab. Ein sicherer Puckbesitz oder ein weiter gespielter Puck kann dafür ein günstiges Zeitfenster schaffen.

Lösung 11: B – Zur Saison 2015/16 führte die NHL in der Hauptrunde fünf Minuten Verlängerung mit drei gegen drei Feldspielern ein. Beide Mannschaften haben dabei grundsätzlich auch einen Torhüter. Der erste Treffer beendet die Partie. Bleibt die Verlängerung torlos, folgt ein Penaltyschießen. Der größere freie Raum begünstigt Positionswechsel und schnelle Gegenangriffe; zugleich gewinnt kontrollierter Puckbesitz an Bedeutung. Strafen werden durch eine veränderte Spielerzahl berücksichtigt, sodass nicht einfach zwei gegen drei Feldspieler gespielt wird. Vor der Reform hatte die Hauptrunden-Verlängerung vier gegen vier vorgesehen. Die Neuerung galt nicht für die Playoffs, deren Entscheidung weiterhin in vollständigen Zusatzdritteln gesucht wird.

Lösung 12: B – In Nagano 1998 wurde erstmals ein olympisches Eishockeyturnier der Frauen ausgetragen. Sechs Nationalmannschaften nahmen teil: die Vereinigten Staaten, Kanada, Finnland, China, Schweden und Japan. Die US-Auswahl gewann das Finale gegen Kanada mit 3:1 und blieb im gesamten Turnier ohne Niederlage. Finnland sicherte sich gegen China die Bronzemedaille. Gespielt wurde zunächst eine gemeinsame Vorrunde, in der jede Mannschaft auf alle anderen traf. Die ersten beiden Teams bestritten anschließend das Endspiel. Die Premiere folgte auf die erste offizielle Frauen-Weltmeisterschaft von 1990. Damit erhielt eine bereits international organisierte Sportart eine weitere große Bühne, ohne dass ihre Geschichte erst mit Olympia begann.

Lösung 13: D – Das Trapez markiert hinter der Torlinie den Bereich, in dem der Torhüter den Puck regulär spielen darf. Die seitlich anschließenden Eckbereiche sind für sein Puckspiel eingeschränkt. Ein Verstoß kann eine kleine Strafe wegen Spielverzögerung nach sich ziehen. Die Regel betrifft dabei das Spielen der Scheibe; die Linie ist keine unsichtbare Wand für seine Schlittschuhe. Sie soll verhindern, dass ein besonders passstarker Torhüter nahezu jeden tief gespielten Puck in der Ecke abfängt. Dadurch verändert sie das Zusammenspiel zwischen Torhüter und Verteidigern. Vor der Torlinie gilt diese spezielle räumliche Beschränkung nicht. Für Sonderfälle, etwa fortbestehenden Kontakt zum Torraum, enthält das Regelwerk zusätzliche Bestimmungen.

Lösung 14: C – Torwartausrüstung muss schützen, darf aber nicht beliebig viel zusätzliche Fläche zum Abwehren der Scheibe schaffen. Deshalb regeln die Bestimmungen etwa die Breite von Beinschonern sowie Form und Abmessungen von Fang- und Stockhandschuh. Auch Brust- und Armschutz unterliegen Grenzen. Die tatsächliche Abwehrwirkung hängt weiterhin von Körperhaltung, Bewegung und Stellung zum Schützen ab. Beinschoner erfüllen beim Butterfly eine andere räumliche Funktion als im aufrechten Stand. Das Regelwerk behandelt außerdem zusätzliche Abdeckungen zwischen den Schonern und der Eisfläche. Eine zulässige Ausrüstung wird folglich nicht allein nach ihrem Gewicht beurteilt. Die Kontrolle betrifft sowohl den Schutzbedarf als auch unerlaubte Vergrößerungen der Abwehrfläche.

Lösung 15: D – Bei einer einzelnen kleinen Strafe endet die Unterzahl vorzeitig, wenn das zahlenmäßig überlegene gegnerische Team ein Tor erzielt. Der bestrafte Spieler darf zurückkehren, sofern keine weitere persönliche Strafe ansteht. Die klare Situation vier gegen fünf vermeidet Sonderfälle mit mehreren gleichzeitig laufenden Strafen. Eine doppelte kleine Strafe besteht regeltechnisch aus zwei aufeinanderfolgenden Zweiminutenabschnitten; ein Gegentor beendet daher nicht automatisch beide. Große Strafen laufen nach gegnerischen Toren weiter. Ein eigener Treffer des Unterzahlteams beendet die hier beschriebene kleine Strafe in der NHL ebenfalls nicht. Für die Bewertung zählen die tatsächlich laufenden Strafen und das Kräfteverhältnis, nicht bloß die Toranzeige.

Lösung 16: D – Eine große Strafe wird durch Überzahltore des Gegners nicht verkürzt. Das unterscheidet ihre Wirkung von einer einzelnen kleinen Strafe in derselben Unterzahlsituation. Der Gegner kann deshalb während eines fünfminütigen Powerplays mehrere Treffer erzielen. Die Strafzeit bemisst sich nach gespielter Zeit; Unterbrechungen lassen sie nicht weiterlaufen. Für die konkrete Spielerzahl muss man zusätzlich prüfen, ob Strafen beider Teams zusammenfallen. Eine große Strafe ist außerdem von einer persönlichen Disziplinarstrafe zu unterscheiden. Je nach Vergehen kann zur Zeitstrafe ein Ausschluss hinzukommen. Die Frage nach der Rückkehr eines bestimmten Spielers und die Frage nach dem Ende der Unterzahl sind daher nicht immer identisch.

Lösung 17: C – Ein Unterzahltor fällt, während die erfolgreiche Mannschaft aufgrund von Strafen mit weniger Feldspielern auskommen muss als ihr Gegner. Häufig entsteht es durch einen abgefangenen Pass oder einen schnellen Gegenangriff. Es zählt auf der Anzeigetafel wie jeder andere reguläre Treffer. In der NHL beendet ein solcher eigener Treffer die laufende kleine Strafe nicht. Ein Alleingang gegen mehrere Verteidiger ist dagegen noch kein Unterzahltor; das örtliche Zahlenverhältnis im Angriff genügt nicht. Auch ein Tor ins leere Netz ist eine eigene Beschreibung und kann bei unterschiedlichen Kräfteverhältnissen fallen. Mannschaftsstatistiken unterscheiden daher Spielstärke und Torwartanwesenheit, statt beide Merkmale gleichzusetzen.

Lösung 18: B – Der gewöhnliche Wettkampfpuck ist eine kompakte Scheibe aus vulkanisiertem Gummi oder einem anderen zugelassenen Material. Sein Durchmesser beträgt rund 7,6 Zentimeter, seine Dicke rund 2,5 Zentimeter. Diese Maße entsprechen drei Zoll und einem Zoll. Der vorgeschriebene Gewichtsbereich liegt bei etwa 156 bis 170 Gramm. Die Scheibenform ermöglicht flaches Gleiten und dennoch angehobene Pässe oder Schüsse. Ihre dunkle Farbe bildet einen deutlichen Kontrast zur weißen Spielfläche. Für bestimmte Trainingszwecke gibt es abweichende Pucks, beispielsweise leichtere Ausführungen für Kinder. Solche Trainingsgeräte sind deshalb nicht automatisch für einen regulären Erwachsenenwettbewerb zugelassen. Auch Pucks für andere Spielflächen können konstruktiv anders aufgebaut sein.

Lösung 19: C – Beim Michigan nimmt ein Spieler hinter dem Tor den Puck auf die Kelle und führt ihn in einer angehobenen Bewegung um den Pfosten ins Netz. Der Spielzug erinnert an Lacrosse und wird deshalb auch als Lacrosse-Tor bezeichnet. Weltbekannt wurde er durch Mike Legg von der University of Michigan im NCAA-Turnier 1996. Legg traf damit gegen Minnesota. Er hatte die Bewegung von Bill Armstrong kennengelernt und war somit nicht ihr ursprünglicher Erfinder. Die Aktion verlangt sichere Puckkontrolle, eine passende Kellenhaltung und einen kurzen Moment ohne unmittelbaren Gegnerdruck. Anders als bei einem gewöhnlichen Bauerntrick bleibt die Scheibe während der entscheidenden Bewegung auf der angehobenen Kelle.

Lösung 20: D – Ron Hextall gelang am 8. Dezember 1987 der erste NHL-Torwarttreffer durch einen eigenen Schuss. Er spielte für Philadelphia gegen Boston. Die Bruins hatten ihren Torhüter für einen zusätzlichen Angreifer herausgenommen. Der weite Versuch erreichte daher ein leeres Tor. Billy Smith war bereits 1979 ein Treffer zugesprochen worden: Nach seiner letzten Berührung schoss der Gegner ins eigene Netz. Diese Unterscheidung trennt die technische Ausführung von der statistischen Zuordnung. Ein Torwart kann somit als Torschütze erscheinen, obwohl er keinen Torschuss abgegeben hat. Ein gezielter Abschluss über die große Entfernung erfordert dagegen sowohl Genauigkeit als auch einen freien Schussweg.

Lösung 21: A – Der Stanley Cup war ursprünglich ein Wanderpreis für Kanadas führende Amateurmannschaft. Andere Vereine konnten den Titelhalter herausfordern; die Durchführung lag unter der Aufsicht von Treuhändern. Diese entschieden auch über strittige Ansprüche auf den Pokal. Die ersten Treuhänder waren Philip D. Ross und John Sweetland. Lord Stanley kündigte die Stiftung 1892 an, und 1893 erhielt die Montreal Amateur Athletic Association die Trophäe. Mehrfacher Gewinn sollte sie nicht zum dauerhaften Eigentum eines einzelnen Vereins machen. Die Anfänge lagen lange vor der NHL-Gründung. Erst später wurde der Cup zum Symbol professioneller Meisterschaft und schließlich ausschließlich zwischen NHL-Mannschaften ausgespielt.

Lösung 22: C – Ein Gordie Howe Hat Trick verbindet ein Tor, eine Torvorlage und eine Schlägerei desselben Spielers innerhalb einer Partie. Die Wendung ist eine inoffizielle Anspielung auf Howes Mischung aus spielerischem Können und körperbetontem Auftreten. Sie verändert weder die Torwertung noch den Spielstand. Die Beteiligung an der Auseinandersetzung führt vielmehr zu einer Strafe. Vom gewöhnlichen Hattrick mit drei Toren ist der Ausdruck klar zu unterscheiden. Auch die Reihenfolge der drei Ereignisse ist für den Begriff nicht maßgeblich. Howe selbst gelang diese Kombination in seiner NHL-Karriere nur zweimal. Bekannt wurde er vor allem als langjähriger Star der Detroit Red Wings und unter dem Beinamen Mr. Hockey.

Lösung 23: C – Die erste erfolglose Coach's Challenge führt zu einer kleinen Bankstrafe wegen Spielverzögerung; das überprüfte und bestätigte Tor zählt. Jede weitere erfolglose Challenge derselben Mannschaft wird mit einer doppelten kleinen Strafe geahndet. Damit ist die Entscheidung des Trainers auch eine Abwägung des sportlichen Risikos. Überprüfbare Fälle umfassen unter anderem ein vorausgegangenes Abseits und mögliche Torwartbehinderung. Nicht jede unliebsame Schiedsrichterentscheidung ist auf diesem Weg anfechtbar. Eine vom zuständigen Videoraum selbst eingeleitete Prüfung ist außerdem nicht dasselbe wie die Anfrage einer Mannschaft. Das 2019 vereinheitlichte Verfahren ersetzte die frühere Bindung solcher Anfragen an die Verfügbarkeit der eigenen Auszeit.

Lösung 24: A – Corsi zählt sämtliche Schussversuche: Treffer, vom Torhüter gehaltene Schüsse, Fehlschüsse und geblockte Versuche. Für eine Mannschaft lassen sich Versuche für und gegen sie gegenüberstellen. Beim Corsi-Anteil wird der eigene Wert durch die Summe beider Seiten geteilt. Bei einzelnen Spielern betrachtet man häufig die Ereignisse während ihrer Eiszeit. Die Kennzahl bietet eine Annäherung an das territoriale Übergewicht, misst jedoch keine tatsächlichen Sekunden am Puck. Ein weit entfernter Versuch zählt zunächst genauso wie einer aus kurzer Distanz. Auswertungen müssen daher ihren Spielkontext berücksichtigen, etwa Überzahl oder gleiche Besetzung. Fenwick unterscheidet sich dadurch, dass geblockte Schüsse aus der Zählung herausfallen.

Lösung 25: B – Die weiße Grundierung schafft den optischen Hintergrund der Spielfläche. Klares Eis allein würde den Untergrund stärker durchscheinen lassen; Puck, Linien und Logos wären schlechter voneinander abzugrenzen. Beim Aufbau wird zunächst eine dünne Eisschicht erzeugt. Darauf kommt die dafür geeignete weiße Farbe, die anschließend mit Wasser versiegelt wird. Die Spielfeldmarkierungen und Logos liegen ebenfalls unter weiteren Eisschichten. Schlittschuhkufen fahren somit nicht unmittelbar über die Farbpigmente. Die sichtbare Gestaltung gehört zum schichtweisen Aufbau der Eisfläche und nicht zum Hohlschliff der Kufen. Entscheidend ist, dass die Markierungen trotz Gebrauch und wiederholter Oberflächenpflege erkennbar bleiben. Das Kühlrohrsystem unterhalb des Eises erfüllt eine davon getrennte Aufgabe.

Lösung 26: A – Mikita und Hull popularisierten stark gebogene Schlägerkellen. Die Krümmung beeinflusst, wie der Puck an der Kelle liegt und bei der Schussbewegung entlanggleitet. Sie unterstützt die Puckführung auf der Vorhand. Auch der dem Puck mitgegebene Drall lässt sich dadurch beeinflussen. Eine Biegung an der Spitze wirkt anders als eine Biegung in der Kellenmitte. Die Rückhandseite besitzt zugleich eine andere Kontaktgeometrie. Deshalb ist eine stärkere Krümmung nicht für jede Technik günstiger. Spielweise und persönliches Gefühl beeinflussen die Wahl. Die beiden Spieler machten die Bauform berühmt; eine zweifelsfrei belegte gemeinsame Ersterfindung lässt sich daraus nicht ableiten.

Lösung 27: C – Gretzkys Nummer 99 wurde am 6. Februar 2000 ligaweit gesperrt. Das ging über die Ehrung durch einen einzelnen Verein hinaus. Sein letztes NHL-Spiel hatte er im April 1999 für die New York Rangers bestritten. Zuvor spielte er für Edmonton, Los Angeles und St. Louis. Mit den Oilers gewann er vier Stanley Cups. Seine Karrierebilanz in der Hauptrunde umfasst 894 Tore und 1.963 Vorlagen. Zusammen ergeben sie 2.857 Punkte. Bereits 1999 erfolgte seine Aufnahme in die Hockey Hall of Fame, wobei die übliche Wartezeit entfiel. Die Nummernsperre und die Aufnahme waren zwei getrennte Ehrungen.

Lösung 28: B – Beim Cross-Ice wird ein Teil der Eisfläche quer bespielt. Die kleineren Abstände passen besser zu den Bewegungsmöglichkeiten junger Kinder. Angreifen und Verteidigen wechseln häufiger. Pässe können über überschaubare Entfernungen gespielt werden. Die Kinder müssen unter räumlichem Druck wahrnehmen und entscheiden. Kleine Spielformen schaffen zudem viele Gelegenheiten zum Schießen und zur Puckführung. Mehrere Gruppen können auf derselben Eisfläche gleichzeitig aktiv sein. Hockey Canada setzt solche verkleinerten Spielfelder im U7-Bereich ein. Das Konzept dient der Entwicklung von Spielfähigkeit; es ist keine vereinfachte Konditionsrunde und verlangt auch keine frühe Festlegung auf eine einzelne Position.

Lösung 29: B – Bei einer angezeigten Strafe darf die Mannschaft ohne das Vergehen ihren Angriff zunächst fortsetzen. Der erhobene Arm des Schiedsrichters kündigt die bevorstehende Sanktion an. Entscheidend für den Pfiff ist grundsätzlich die Kontrolle des Pucks durch die zu bestrafende Mannschaft. Ein Abpraller oder eine bloße Berührung erfüllt diese Voraussetzung nicht. Andere Unterbrechungsgründe bleiben möglich. Die Strafzeit läuft erst mit der Spielfortsetzung nach dem Pfiff, nicht beim Heben des Arms. Die angreifende Mannschaft kann ihren Torhüter für einen zusätzlichen Feldspieler auswechseln. Dabei bleibt ein fehlgeleiteter eigener Pass ins verlassene Tor möglich; die Anzeige bietet keinen umfassenden Schutz vor einem Gegentor.

Lösung 30: D – Beim angezeigten Abseits erhalten die Angreifer Gelegenheit, die Zone regelkonform zu verlassen. Zur Rückkehr zählt bereits der Kontakt eines Schlittschuhs mit der blauen Linie. Alle zu früh eingedrungenen Mitspieler müssen diese Voraussetzung erfüllen. Bis dahin dürfen sie den Puck nicht spielen und den Gegner nicht bei der Puckführung bedrängen. Nach dem Aufheben der Anzeige können sie erneut in das Drittel laufen. Die Scheibe muss dafür nicht zwingend ebenfalls das Drittel verlassen. Führt die verteidigende Mannschaft sie selbst in die neutrale Zone, endet die Abseitssituation ebenfalls. Das Verfahren wird häufig mit dem englischen Ausdruck „Tag-up“ bezeichnet.

Lösung 31: C – Eine Neutral Zone Trap erschwert dem Gegner das Durchspielen der neutralen Zone. Die verteidigenden Spieler halten ihre Abstände eng. Ein erster Spieler kann den Puckführer zu einer Seite lenken. Dahinter werden mögliche Passwege zugestellt. An der Bande lässt sich der verfügbare Raum zusätzlich einengen. Gewinnt die Mannschaft dort den Puck, kann sie unmittelbar umschalten. Das Prinzip bezeichnet keine einzige unveränderliche Formation; unterschiedliche Aufstellungen können ähnliche Ziele verfolgen. Bekannt wurde es unter anderem durch die New Jersey Devils mit Trainer Jacques Lemaire in den 1990er Jahren. Entscheidend sind abgestimmte Laufwege und Geduld, nicht das bloße Zurückziehen vor das eigene Tor.

Lösung 32: A – Hier verursacht der Angreifer selbst den störenden Kontakt und nimmt dem Torhüter eine Abwehrmöglichkeit. Ein daraus entstehendes Tor wird nicht anerkannt. Bei der Beurteilung zählen Position, Art des Kontakts und dessen Auswirkung. Das bloße Stehen im Torraum macht einen Treffer nicht automatisch ungültig. Ein Sichtschirm außerhalb des Torraums ist ohne weiteren Regelverstoß erlaubt. Auch ein frei liegender Puck bleibt dort spielbar. Wird ein Angreifer durch einen Verteidiger in den Torhüter gedrückt, muss die Entstehung gesondert bewertet werden. Dabei spielt auch eine zumutbare Ausweichbewegung eine Rolle. Toraberkennung und persönliche Bestrafung sind voneinander zu unterscheidende Entscheidungen.

Lösung 33: D – Die Conn Smythe Trophy zeichnet den wertvollsten Spieler der Playoffs aus. Bewertet wird die gesamte Endrunde, nicht allein die Finalserie. Die Entscheidung fällt durch eine Wahl der Professional Hockey Writers Association. Es gibt keine vorgeschriebene Mindestzahl an Toren oder Vorlagen. Torhüter, Verteidiger und Stürmer können gleichermaßen ausgezeichnet werden. Der erste Gewinner war Jean Béliveau im Jahr 1965. Jean-Sébastien Giguère erhielt den Preis 2003 trotz der Finalniederlage Anaheims. Die Trophäe trägt den Namen eines langjährigen Verantwortlichen der Toronto Maple Leafs. Sie ist daher weder ein Mannschaftspokal noch eine automatisch aus einer Statistik errechnete Auszeichnung.

Lösung 34: A – Der klassische Hohlschliff formt im Querschnitt eine konkave Rinne zwischen zwei Kanten. Diese Kanten ermöglichen seitlichen Halt beim Beschleunigen, Kurvenfahren und Stoppen. Ein kleinerer Schleifradius erzeugt eine tiefere Rinne. Das bietet bei sonst gleichen Bedingungen mehr Griff. Ein größerer Radius ergibt einen flacheren Schliff und erleichtert das Gleiten. Körpergewicht, Eisbedingungen und persönliche Vorlieben beeinflussen die passende Wahl. Beide Kanten sollten gleich hoch sowie scharf und glatt sein. Nach dem Schleifen werden Grate entfernt. Der Hohlschliff ist vom längs verlaufenden Kufenprofil zu unterscheiden: Beide betreffen unterschiedliche Richtungen derselben Kufe und verändern deshalb verschiedene Aspekte des Fahrgefühls.

Lösung 35: D – Seit der Reform von 2005 wird die rote Mittellinie bei der Beurteilung solcher Vorwärtspässe nicht mehr als Sperrgrenze verwendet. Damit sind direkte Zuspiele aus dem Verteidigungsdrittel zu Mitspielern jenseits der Mittellinie möglich. Das erweitert den nutzbaren Raum beim Spielaufbau. Stürmer können sich weiter vorn als Anspielstation anbieten. Verteidiger müssen längere Passwege im Blick behalten. Die blaue Linie am Angriffsdrittel behält ihre Bedeutung für Abseits. Auch für Icing ist die Mittellinie weiterhin relevant. Die Regeländerung war Teil eines größeren Pakets zur Saison 2005/06. Sie beseitigte somit eine bestimmte Passbeschränkung, ohne die gesamte Zoneneinteilung des Spielfelds abzuschaffen.

Lösung 36: D – Bei einem ersten Verstoß gegen die Aufstellung zum Bully muss normalerweise der betreffende Anspieler ersetzt werden. Das kann auch durch einen Positionsfehler seiner Mitspieler ausgelöst werden. Die vorgeschriebenen Abstände betreffen somit nicht nur die beiden Center. Schlittschuhe und Schläger müssen regelgerecht positioniert sein. Die Offiziellen kontrollieren außerdem ein zu frühes Eindringen anderer Spieler. Begeht dieselbe Mannschaft bei demselben Anspiel einen zweiten Verstoß, kann eine kleine Bankstrafe folgen. Der bloße Austausch ist noch keine Zeitstrafe. Nach einem Icing gelten besondere Verfahrensregeln, weshalb die Grundregel nicht ohne Beachtung der vorausgehenden Spielunterbrechung auf jede Situation übertragen werden darf.

Lösung 37: D – Plus/Minus verbindet die Anwesenheit eines Feldspielers mit bestimmten Toren. Ein eigener Treffer bei Gleichzahl oder in Unterzahl ergibt einen Pluspunkt. Die gegnerischen Feldspieler auf dem Eis bekommen entsprechend einen Minuspunkt. Überzahltore bleiben bei dieser Zuordnung außen vor. Der Schütze muss daher nicht der einzige Spieler sein, dessen Wert sich verändert. Umgekehrt kann ein Spieler ohne eigenen Scorerpunkt ein Plus erhalten. Die Zahl beschreibt keine vollständige individuelle Defensivleistung: Mitspieler, Gegner, Torhüter und Einsatzsituationen beeinflussen sie. Über eine Partie werden die Plus- und Minusereignisse miteinander verrechnet. Schussversuche oder bloße Puckgewinne verändern den Wert dagegen nicht.

Lösung 38: C – Der Kickpoint beschreibt die bevorzugte Biegezone des Schafts. Bei einem niedrigen Kickpoint liegt sie näher an der Kelle. Solche Modelle werden für eine schnelle Schussfreigabe angeboten. Ein mittlerer Kickpoint unterstützt einen anderen Verlauf der Schlägerbelastung. Hersteller verbinden die Bauweisen deshalb mit unterschiedlichen Schusstechniken. Die Flexzahl beschreibt dagegen, wie steif der Schaft ist. Zwei Schläger können denselben Flexwert und unterschiedliche Biegezonen besitzen. Der Spieler liefert die Energie, indem er den Schläger belastet und verformt. Seine Rückstellung unterstützt anschließend die Schussbewegung. Weder Kickpoint noch Flexzahl beschreiben die Kellenkrümmung; auch diese beeinflusst jedoch das Gefühl beim Spielen des Pucks.

Lösung 39: C – Die DEL startete mit der Saison 1994/95 als neue höchste Spielklasse. Das Kürzel steht für Deutsche Eishockey Liga. Ihre Premiere umfasste 18 Mannschaften. Die neue Liga folgte auf die bisherige Eishockey-Bundesliga. Erster DEL-Meister wurden die Kölner Haie. Im Finale setzten sie sich gegen den EV Landshut durch. Die Meisterschaft wurde in Playoffs entschieden, also über aufeinanderfolgende Ausscheidungsrunden. Die Ligaentwicklung veränderte auch die organisatorischen Strukturen des deutschen Profieishockeys. Der Beginn der DEL war jedoch nicht der Beginn deutscher Meisterschaften: Solche Titel wurden bereits lange zuvor vergeben. Historische Meisterlisten und die Zählung der DEL-Titel bezeichnen deshalb unterschiedliche Zeiträume.

Lösung 40: A – Der Deutsche Eishockey-Bund wurde 1963 in Krefeld als eigenständiger Fachverband gegründet. Seine Verbandsaufgaben gehen über den Betrieb einer Profiliga hinaus. Dazu gehören die Förderung des Eishockeysports und die Betreuung von Nationalmannschaften. Er organisiert Bereiche des Spielbetriebs und wirkt an der Nachwuchsentwicklung mit. Hinzu kommen die Ausbildung und Weiterbildung von Trainern sowie Schiedsrichtern. Der DEB gehört dem internationalen Verband IIHF an. Zu seiner Mitgliederstruktur zählen Landesverbände und Vereine verschiedener Ligen. Der Verband nennt Füssen als statutarischen Sitz und München als Verwaltungssitz. Diese beiden Angaben sind vom historischen Gründungsort zu unterscheiden. Die Verbandsarbeit verbindet damit Breitenentwicklung und Spitzensport.

Lösung 41: D – Carolina verlor in der Partie gegen Toronto sowohl James Reimer als auch Petr Mrázek verletzungsbedingt. Daraufhin übernahm David Ayres als Notfalltorhüter. Der 42-Jährige kam im zweiten Drittel ins Spiel. Er war beruflich mit dem Hallenbetrieb der Toronto Marlies verbunden und hatte dort auch Aufgaben an der Eisbearbeitungsmaschine übernommen. Die ersten beiden Schüsse auf sein Tor führten zu Treffern. Danach hielt er die folgenden acht. Carolina gewann mit 6:3. Ayres erhielt den Sieg statistisch gutgeschrieben und wurde zum ältesten Torhüter mit einem Sieg bei seinem NHL-Hauptrundendebüt. Seine Geschichte zeigt eine außergewöhnliche Anwendung der damals bestehenden Notfallregel.

Lösung 42: A – Die Flexzahl beschreibt die Biegesteifigkeit des Schafts. Ein höherer Wert steht für einen steiferen, ein niedrigerer für einen leichter biegbaren Schläger. Die Zahl allein legt jedoch das gesamte Spielgefühl nicht fest. Auch die Länge beeinflusst, wie sich der Schläger unter den Händen verhält. Wer einen Schaft kürzt, verändert die wirksame Hebelwirkung. Der Kickpoint beschreibt zusätzlich die bevorzugte Biegezone und ist nicht dasselbe wie die Flexzahl. Die Kellenkrümmung wird ebenfalls gesondert angegeben. Körperkraft, Schusstechnik und Vorlieben bestimmen die Auswahl. Ein besonders steifer Schläger liefert deshalb nicht automatisch den schnellsten Schuss; der Spieler muss ihn passend belasten können.

Lösung 43: B – Die Original Six bildeten von 1942 bis 1967 das gesamte Teilnehmerfeld der NHL. Dazu gehören Boston, Chicago, Detroit, Montréal, die New York Rangers und Toronto. Der Ausdruck bedeutet nicht, dass alle sechs die Liga gegründet hätten. Die NHL bestand bereits seit 1917. Boston kam 1924 hinzu; Chicago, Detroit und die Rangers folgten 1926. Nach dem Ende der Brooklyn Americans 1942 blieben sechs Mannschaften übrig. Die Erweiterung 1967 verdoppelte die Zahl auf zwölf. Damit endete die geschlossene Epoche dieser sechs Vereine. Der Begriff ist folglich eine historische Gruppenbezeichnung und lässt sich nicht mit einer Liste sämtlicher ursprünglicher Ligamitglieder gleichsetzen.

Lösung 44: D – In NHL-Playoffs werden bei Gleichstand weitere Drittel von jeweils höchstens 20 Minuten gespielt. Das erste Tor entscheidet sofort. Ohne Strafen stehen dabei auf jeder Seite fünf Feldspieler und ein Torhüter auf dem Eis. Laufende Strafen werden berücksichtigt. Bleibt eine Verlängerung torlos, folgt nach der Pause ein weiterer Abschnitt. Ein Penaltyschießen ist für diesen Ablauf nicht vorgesehen. Deshalb ist die Gesamtspielzeit nach oben nicht durch eine feste Zahl von Verlängerungen begrenzt. Zwischen den Abschnitten wird das Eis aufbereitet. Für Trainer gewinnt die Belastungssteuerung an Bedeutung: Auch Spieler, die in der regulären Spielzeit wenig eingesetzt wurden, können später wichtige Wechsel übernehmen.

Lösung 45: B – Expected Goals, kurz xG, beruhen auf geschätzten Torwahrscheinlichkeiten einzelner Schüsse. Deren Summe ergibt den Wert für Spieler oder Mannschaften. Modelle können Entfernung, Winkel, Schussart und vorausgehende Ereignisse berücksichtigen. Auch die Zahl der Feldspieler beeinflusst die Situation. Ein xG-Wert von 2,4 ist deshalb keine Anzahl tatsächlich erzielter Tore. Er beschreibt die Chancenbewertung durch ein bestimmtes statistisches Modell. Andere Daten und Rechenverfahren können zu anderen Ergebnissen führen. Ein einzelner Treffer kann aus einer Chance mit geringer Wahrscheinlichkeit entstehen. Ebenso kann eine hochwertige Gelegenheit vergeben werden. Die Kennzahl ergänzt die Ergebnisbetrachtung, ersetzt aber weder Spielbeobachtung noch die Prüfung der zugrunde liegenden Datenqualität.

Lösung 46: D – Boarding und Charging beschreiben unterschiedliche Arten unzulässiger Körperkontakte. Beim Boarding wird ein schutzloser Gegner gefährlich gegen die Bande gestoßen oder gecheckt. Der ausführende Spieler muss die Gefährdung erkennen und seinen Kontakt entsprechend begrenzen. Charging betrifft einen übermäßig heftigen Angriff, etwa mit übermäßiger Anlaufbewegung oder Anspringen. Er kann auch auf freier Eisfläche stattfinden. Ein Kontakt an der Bande ist umgekehrt nicht schon durch seinen Ort regelwidrig. Für das Strafmaß zählen die konkrete Aktion und ihre Schwere. Die Begriffe ersetzen außerdem nicht andere Vergehen wie Ellbogencheck oder Stockcheck. Bei der Bewertung muss deshalb die tatsächliche Bewegung betrachtet werden, nicht bloß der anschließende Sturz.

Lösung 47: B – Der Spengler Cup wird in Davos ausgetragen und verbindet internationale Gäste mit dem gastgebenden HC Davos. Die Teilnehmer erhalten Einladungen. Das Turnier findet traditionell zwischen dem 26. und 31. Dezember statt. Namensgeber ist der Davoser Arzt Carl Spengler, der 1923 einen Wanderpokal stiftete. Erster Sieger war eine Mannschaft der Universität Oxford. Neben Vereinen nahmen im Lauf der Geschichte auch Auswahlmannschaften teil. Team Canada wurde zu einem besonders bekannten Gast. Der Wettbewerb besitzt seine eigene Turniergeschichte und ist keine Endrunde der europäischen Klubmeisterschaft. Für Fans prägen die besondere Davoser Halle und die kompakte Abfolge der Spiele seinen Charakter.

Lösung 48: B – Deckt ein verteidigender Feldspieler den Puck im eigenen Torraum absichtlich mit seinem Körper ab, erhält die andere Mannschaft bei anwesendem Torhüter einen Strafschuss. Der Torraum ist dafür entscheidend; außerhalb gelten andere Strafbestimmungen. Auch das absichtliche Aufnehmen des Pucks mit der Hand im Torraum kann diese Folge haben. Der Torhüter besitzt eigene Rechte beim Sichern der Scheibe, ein Feldspieler übernimmt sie nicht. Beim Strafschuss tritt ein Angreifer allein gegen den Torhüter an. Nachschüsse sind nicht gestattet. Ein legaler Abwehrkontakt mit dem Schlittschuh löst dagegen keinen Strafschuss aus. Ebenso ist das bloße Wegschlagen mit offener Hand vom Festhalten zu unterscheiden.

Lösung 49: D – Eine Niederlage im Penaltyschießen bringt in der NHL-Hauptrunde einen Tabellenpunkt. Der Sieger erhält insgesamt zwei. Eine solche Partie verteilt damit zusammen drei Punkte auf beide Mannschaften. Ein Sieg innerhalb der regulären Spielzeit ergibt ebenfalls zwei Punkte; der Verlierer erhält dann keinen. Tabellenpunkte sind von individuellen Scorerpunkten zu unterscheiden. Treffer im entscheidenden Penaltyschießen werden nicht wie gewöhnliche Spieltore den persönlichen Torbilanzen zugeschlagen. In der Tabelle wird dem Sieger ein zusätzliches Tor im Mannschaftsergebnis angerechnet. Die Endrunde verwendet dieses Punktesystem nicht: Dort geht es um Siege innerhalb einer Serie. Das Penaltyschießen dient in der Hauptrunde dazu, verbliebene Gleichstände aufzulösen.

Lösung 50: C – Beim Dump and Chase wird der Puck zunächst tief in die gegnerische Zone gespielt. Anschließend laufen Angreifer nach und versuchen, wieder in Besitz zu kommen. Als Ziel eignen sich beispielsweise eine Ecke oder der Raum hinter dem Tor. Das Zuspiel soll so platziert sein, dass die eigenen Spieler den Verteidigern Druck machen können. Die Methode kann einen stark zugestellten Zugang über die blaue Linie umgehen. Allerdings gibt die angreifende Mannschaft die kontrollierte Puckführung zunächst auf. Nachsetzen, Laufwege und Unterstützung müssen daher zusammenpassen. Ein tief gespielter Puck zum bloßen Reihenwechsel ist noch kein vollständiges Dump and Chase. Auch Abseits und Icing müssen berücksichtigt werden.

Lösung 51: B – Die Helmpflicht wurde zur Saison 1979/80 eingeführt. Entscheidend für die Ausnahme war ein vor dem 1. Juni 1979 unterschriebener Profivertrag. Berechtigte Spieler konnten eine Verzichtserklärung unterzeichnen und weiterhin ohne Helm antreten. Ein Vereinswechsel beendete diesen Bestandsschutz nicht. Deshalb verschwanden helmlos spielende Profis erst allmählich aus der Liga. Craig MacTavish nutzte die Ausnahme bis zum Ende seiner Spielerkarriere 1997; zuletzt lief er für die St. Louis Blues auf. Er war damit der letzte NHL-Spieler ohne Helm. Die spätere Einführung einer Visierpflicht war eine eigene Regeländerung.

Lösung 52: A – Die sogenannte Long-Term Injured Reserve, kurz LTIR, erlaubt unter bestimmten Bedingungen eine Überschreitung des Gehaltslimits. Der verletzte Spieler verschwindet dabei nicht aus der Berechnung. Nach dem Tarifvertrag von 2013 musste eine voraussichtliche Ausfallzeit von mindestens zehn NHL-Spielen und 24 Kalendertagen vorliegen. Wie viel zusätzlicher Spielraum tatsächlich entsteht, hängt unter anderem vom bereits vorhandenen Abstand zum Gehaltslimit ab. Der volle Gehaltswert steht daher nicht zwangsläufig zusätzlich zur Verfügung. Diese Ausnahme dient der Verpflichtung oder Beförderung von Ersatzspielern. Bei einer Rückkehr muss die Mannschaft die dann geltenden Grenzen wieder einhalten.

Lösung 53: B – Beim Erweiterungsdraft 2017 stellten die bestehenden Klubs Schutzlisten zusammen. Vegas wählte aus dem verfügbaren Pool insgesamt 30 Spieler aus, einen von jedem damaligen NHL-Verein. Übliche Schutzvarianten umfassten sieben Stürmer, drei Verteidiger und einen Torwart oder acht beliebige Feldspieler und einen Torwart. Profis in ihren ersten beiden Jahren als Berufsspieler waren grundsätzlich ausgenommen, ebenso noch nicht verpflichtete Draftspieler. Für Vegas galten zusätzliche Vorgaben zur Verteilung der Positionen und zu bestehenden Verträgen. Das Verfahren unterscheidet sich vom Einstiegsdraft, bei dem Klubs vor allem Rechte an Nachwuchsspielern erwerben.

Lösung 54: A – Ein Handpass zwischen Mitspielern ist erlaubt, wenn sowohl die ursprüngliche Aktion als auch die Annahme im eigenen Verteidigungsdrittel stattfinden. Die Zone ist deshalb bei beiden Kontakten entscheidend. Außerhalb dieses Bereichs führt ein entsprechender Handpass zum Pfiff, sobald ein Mitspieler den Puck erlangt. Ein Spieler darf einen fliegenden Puck grundsätzlich mit offener Hand zu sich selbst herunterlenken. Ihn festzuhalten oder mit geschlossener Hand zu tragen, fällt unter andere Bestimmungen. Auch ein unmittelbar mit der Hand erzieltes Tor wird nicht anerkannt.

Lösung 55: B – Die NHL erweiterte das frühere Gespann aus einem Hauptschiedsrichter und zwei Linienrichtern um einen zweiten Hauptschiedsrichter. Die Umstellung begann 1998/99 schrittweise; seit 2000/01 wurde dieses System in sämtlichen Spielen eingesetzt. Damit stehen vier Offizielle auf dem Eis. Die Hauptschiedsrichter können das Geschehen aus unterschiedlichen Blickwinkeln beobachten und sich besonders in den beiden Endzonen ergänzen. Die Linienrichter behielten ihre eigenen Aufgaben, darunter Abseits und Icing. Der zweite Hauptschiedsrichter bildet also kein weiteres vollständiges Gespann. Orangefarbene Armbänder helfen Spielern und Zuschauern, Hauptschiedsrichter von Linienrichtern zu unterscheiden.

Lösung 56: D – Beim Butterfly sinkt der Torhüter auf beide Knie und richtet die Beinschoner seitlich aus. Dadurch deckt er einen großen Teil des unteren Torbereichs ab. Der Oberkörper bleibt dabei möglichst aufrecht; Fanghand und Stockhand bleiben aktiv. Der Schläger unterstützt die Abdeckung vor dem Körper. Die Technik wurde bereits von Glenn Hall geprägt und später unter anderem durch Patrick Roy und dessen Torwarttraining weiterentwickelt. Sie entstand somit nicht erst in den 1990er Jahren. Ein Butterfly ist auch keine unveränderliche Dauerhaltung: Torhüter wechseln je nach Puckposition zwischen Grundstellung, Abwehr und anschließender Bewegung.

Lösung 57: B – Wenn die großen Gravurringe des Stanley Cup gefüllt sind, wird der älteste entfernt und durch einen neuen ersetzt. Die abgenommenen Ringe bleiben in der Hockey Hall of Fame in Toronto erhalten. Besucher finden sie im Ausstellungsbereich Lord Stanley's Vault. Auf diese Weise wächst der Pokal nicht mit jedem neuen Meister weiter in die Höhe. Die großen Ringe bieten jeweils Platz für bis zu 13 Meisterteams. Graviert werden neben Spielern auch berechtigte Mitglieder des Mannschaftsstabs. Der Pokal wird für diese Arbeit zerlegt. Buchstaben entstehen mit einzelnen Punzen; die ursprüngliche Schale wird ebenfalls im Museum aufbewahrt.

Lösung 58: D – Linienrichter achten besonders auf Abseits und Icing und führen die meisten Bullys aus. Das Anspiel zu Beginn eines Drittels übernimmt dagegen ein Hauptschiedsrichter. Beide Linienrichter bewegen sich während des Spiels, um ihre Zuständigkeitsbereiche zu überblicken. Ihre Rolle umfasst außerdem bestimmte Meldungen an die Hauptschiedsrichter; sie sind keineswegs auf Linienentscheidungen beschränkt. Die eigentliche Verhängung von Strafen liegt grundsätzlich bei den Hauptschiedsrichtern. Auch Tore und die allgemeine Spielleitung gehören zu deren Aufgaben. Bei Bedarf besprechen sich die Offiziellen, um Beobachtungen zusammenzuführen. Die orangefarbenen Armbänder kennzeichnen die Hauptschiedsrichter.

Lösung 59: A – PDO addiert Schussquote und Fangquote aus demselben Spielkontext, häufig fünf gegen fünf. Werden beide Größen in Prozent angegeben, liegt der Bezugspunkt bei 100. Beispielsweise ergeben neun Prozent Schussquote und 92 Prozent Fangquote einen PDO von 101. Bei einer Schreibweise in Tausendsteln entspricht dies 1010. Die Kennzahl schwankt besonders in kleinen Stichproben. Extreme Werte können sich später dem Mittel annähern, müssen aber nicht bloßes Glück bedeuten. Abschlussqualität, Torhüterleistung und die Qualität zugelassener Chancen beeinflussen die Bestandteile ebenfalls. PDO misst weder unmittelbar Puckbesitz noch allein die Qualität einer Mannschaft.

Lösung 60: D – Das reguläre Waiver-Verfahren gibt anderen NHL-Klubs Gelegenheit, einen Spieler samt laufendem Vertrag zu übernehmen. Es wird vor bestimmten Versetzungen in die Farmliga benötigt. Beanspruchen mehrere Klubs denselben Spieler, entscheidet eine festgelegte Rangfolge; der abgebende Verein sucht den Empfänger nicht aus. Bleibt ein Anspruch aus, kann die geplante Versetzung erfolgen. Jüngere oder weniger erfahrene Spieler können von der Pflicht ausgenommen sein. Dabei spielen unter anderem das Alter beim ersten Vertrag und absolvierte NHL-Spiele eine Rolle. Ein sogenannter Zweiwegevertrag allein entscheidet nicht über die Waiver-Pflicht; er betrifft unterschiedliche Gehaltssätze je nach Liga.

Lösung 61: D – Die acht Arme standen für die acht Siege, die 1952 zum Stanley-Cup-Gewinn nötig waren. Damals bestanden die Playoffs aus zwei Runden, in denen jeweils vier Siege zum Weiterkommen genügten. Pete und Jerry Cusimano, die ein Fischgeschäft betrieben, brachten die erste Krake am 15. April 1952 ins Olympia Stadium. Detroit spielte im Finale gegen Montreal. Die Red Wings gewannen diese Partie und damit den Titel, ohne in den gesamten Playoffs ein Spiel zu verlieren. Aus dem damaligen Glücksbringer entwickelte sich eine langlebige Fantradition. Das Symbol überdauerte somit auch die spätere Erweiterung des Playoff-Formats.

Lösung 62: C – Warmes Flutwasser kann die alte Oberfläche leicht anschmelzen und dadurch die Verbindung mit der neuen Schicht verbessern. Das ist ein Grund, warum viele Eisbahnen erwärmtes Wasser verwenden. Zuvor trägt die Maschine mit einer Klinge die beschädigte obere Eisschicht ab. Eine Fördereinrichtung transportiert den entstehenden Schnee in den Sammelbehälter. Hinter der Maschine verteilt eine Tuchmatte das Flutwasser. Die neue Schicht muss vor der erneuten Nutzung gefrieren. Wassertemperatur, Menge und Wasserqualität werden auf die Anlage abgestimmt. Moderne Aufbereitungssysteme können auch niedrigere Wassertemperaturen ermöglichen; warmes Wasser ist daher keine ausnahmslose Voraussetzung.

Lösung 63: C – Die NHL entstand aus einem Konflikt innerhalb der National Hockey Association. Andere Eigentümer wollten den streitbaren Torontoer Klubbesitzer Eddie Livingstone aus ihrer Zusammenarbeit ausschließen und organisierten eine neue Liga. Die Gründungsversammlung fand am 26. November 1917 im Windsor Hotel in Montreal statt. Die bisherigen Spielerrechte und Vereinsinteressen machten den Vorgang kompliziert; eine bloße Umbenennung war es nicht. Der Spielbetrieb begann im Dezember. Toronto war mit einer anderen Betreiberorganisation vertreten. Die Montreal Wanderers schieden nach dem Brand ihrer Halle im Januar 1918 aus. Dieser Brand war daher eine spätere Entwicklung und kein Anlass der Ligagründung.

Lösung 64: B – Seit der Saison 1981/82 wird die Vezina Trophy durch eine Wahl der Generalmanager vergeben. Sie würdigt den als besten beurteilten Torhüter der Hauptrunde. Die frühere Vergabe anhand der wenigen Gegentore einer Mannschaft wurde in die neue William M. Jennings Trophy überführt. Beide Preise können deshalb im selben Jahr an unterschiedliche Torhüter gehen. Die Vezina Trophy wurde 1926/27 von früheren Eigentümern der Montreal Canadiens gestiftet. Sie erinnert an deren verstorbenen Torwart Georges Vézina. Erster Preisträger war sein Nachfolger George Hainsworth. Ein Torhüter kann beide Auszeichnungen in derselben Saison gewinnen; die unterschiedlichen Kriterien schließen einen Doppelgewinn nicht aus.

Lösung 65: D – Bei gewöhnlichen Unterbrechungen nimmt die Gastmannschaft ihren Wechsel zuerst vor. Anschließend kann die Heimmannschaft reagieren. Der Heimtrainer erhält dadurch mehr Einfluss auf die Zuordnung seiner Reihen zu den gegnerischen Spielern. Er kann beispielsweise eine starke Defensivformation gegen eine gefährliche Sturmreihe einsetzen. Der Schiedsrichter überwacht die Reihenfolge mit Handzeichen und begrenzten Wechselzeiten. Nach Ablauf des Verfahrens dürfen die Mannschaften ihre Aufstellung nicht beliebig nachbessern. Besondere Wechselverbote bleiben bestehen, etwa für die Mannschaft, die ein Icing verursacht hat. Das Heimrecht ermöglicht somit gezieltere Paarungen, garantiert aber keinen Vorteil beim anschließenden Bully.

Lösung 66: C – Beim Schleifen können an den Seiten einer Kufe dünne Metallreste stehen bleiben oder umklappen. Diese Grate werden mit geeigneten Werkzeugen entfernt. Zur Nachbearbeitung kommen beispielsweise Abziehsteine, Gummisteine oder Leder zum Einsatz. Die Auswahl richtet sich auch nach der Oberfläche und einer möglichen Beschichtung der Kufe. Entgratet werden beide Seiten. Anschließend wird auch die Gleichmäßigkeit der Kanten kontrolliert. Ziel sind saubere Kanten, nicht deren absichtliche Abrundung. Der Vorgang ersetzt weder das Einschleifen eines Hohlschliffs noch die Bearbeitung des Längsprofils. Auch automatisch geschliffene Kufen können eine solche Nachbearbeitung benötigen.

Lösung 67: D – Einige Mannschaften berühren ihre Konferenztrophäe bei der Ehrung nicht. Dahinter steht die Vorstellung, dass der Stanley Cup das eigentliche Ziel sei und vorzeitiges Feiern Unglück bringen könne. Im Osten wird die Prince of Wales Trophy überreicht, im Westen die Clarence S. Campbell Bowl. Es handelt sich um einen Brauch, nicht um eine Ligavorschrift. Andere Kapitäne nehmen die Trophäe durchaus in die Hand. Sowohl Teams mit Berührung als auch Teams ohne Berührung haben anschließend den Stanley Cup gewonnen. Aus dem Ritual lässt sich deshalb keine verlässliche Erfolgsprognose ableiten. Mannschaften entscheiden selbst, wie sie ihren Finaleinzug feiern.

Lösung 68: D – Eine No-Movement-Klausel umfasst mehr als ein bloßes Verbot eines Transfers ohne Zustimmung. Sie schützt den Spieler zusätzlich vor bestimmten Versetzungen und davor, ohne Einverständnis auf Waivers gesetzt zu werden. Eine reine No-Trade-Klausel bietet diesen weitergehenden Schutz nicht. Der genaue Vertragswortlaut bleibt entscheidend; es gibt auch eingeschränkte Varianten mit vereinbarten Vereinslisten. Ein Spieler kann auf Schutzrechte für eine konkrete Maßnahme verzichten. Eine No-Movement-Klausel verhindert grundsätzlich keinen zulässigen Vertragsrückkauf. Bei Erweiterungsdrafts können darüber hinaus besondere Schutzvorgaben gelten. Solche Vorgaben ergeben sich aus dem jeweiligen Verfahren und sollten nicht pauschal auf jede Form einer Vertragsklausel übertragen werden.

Lösung 69: A – Die Fangquote ergibt sich aus gehaltenen Schüssen geteilt durch alle Schüsse auf das vom Torhüter verteidigte Tor. Der Gegentorschnitt rechnet seine Gegentreffer auf 60 Einsatzminuten um. Hält ein Torwart in 60 Minuten 27 von 30 Schüssen, ergeben sich 90 Prozent Fangquote und ein Gegentorschnitt von 3,00. Bei 45 gehaltenen von 50 Schüssen in ebenfalls 60 Einsatzminuten wären es auch 90 Prozent, aber 5,00 Gegentore. Vorbeigegangene und bereits von Feldspielern geblockte Versuche zählen nicht als Schüsse auf den Torhüter. Keine der beiden einfachen Kennzahlen erfasst automatisch die Schwierigkeit der Chancen. Einsatzdauer und Schussbelastung helfen daher bei ihrer Einordnung.

Lösung 70: B – Eishockey wird häufig auf etwas kälterem und damit härterem Eis gespielt als Eiskunstlauf. Die Oberfläche muss viele schnelle Laufwege, Bremsvorgänge und Richtungswechsel verkraften. Eiskunstläufer bevorzugen häufig etwas weichere Bedingungen, bei denen ihre Kufen leichter eingreifen. Die passende Einstellung hängt jedoch auch von Halle, Luftfeuchtigkeit, Eisdicke und Nutzung ab. Eine überall verbindliche Temperaturdifferenz zwischen beiden Sportarten gibt es nicht. Gemessen wird zudem nicht dasselbe, wenn von Hallenluft, Kühlmittel oder Eisoberfläche die Rede ist. Für die Eisqualität werden diese Größen zusammen betrachtet. Zu starke Kühlung kann sprödes Eis begünstigen; möglichst kalt ist daher kein allgemeines Qualitätsziel.

Lösung 71: C – Der Situationsraum bündelt die Videoüberwachung laufender NHL-Spiele. Seine Mitarbeiter können Kameraperspektiven vergleichen und mit den Offiziellen in der Arena kommunizieren. Zu den überprüfbaren Sachverhalten gehört, ob ein Puck die Torlinie vollständig überquert hat. Ebenso können Zeitpunkt und regelwidrige Art eines möglichen Treffers eine Rolle spielen. Welche Überprüfung zulässig ist und wer sie auslöst, hängt vom jeweiligen Regelverfahren ab. Traineranfragen sind deshalb nicht mit jeder zentralen Videoprüfung gleichzusetzen. Für eine Korrektur sind hinreichend eindeutige Bilder erforderlich. Die zentrale Stelle erleichtert eine einheitliche Anwendung der vorgesehenen Kriterien, ersetzt aber nicht sämtliche Entscheidungen auf dem Eis.

Lösung 72: A – FoxTrax war eine frühe technische Erweiterung von Eishockeyübertragungen. Der speziell präparierte Puck enthielt Infrarotsender, Elektronik und eine Batterie. Empfänger rund um die Spielfläche erfassten die Signale. Computer berechneten daraus die Position und ergänzten im Fernsehbild eine farbige Hervorhebung. Diese Markierung existierte somit nicht als sichtbares Leuchten auf dem Eis. Bei schnellen Bewegungen konnte eine Spur hinzukommen. Das System debütierte beim NHL-All-Star-Spiel 1996 und wurde bis 1998 eingesetzt. Es sollte besonders Zuschauern helfen, die den kleinen Puck im damaligen Fernsehbild schwer verfolgen konnten. Die Technik gehörte zur Übertragung und war kein automatisches Abseitsentscheidungssystem.

Lösung 73: C – Bei einem Tor können in der NHL bis zu zwei Assists vergeben werden. Der primäre Assist bezeichnet die letzte anerkannte Beteiligung eines Mitspielers vor dem Torschützen; der sekundäre Assist die vorangehende. Beide bringen jeweils einen Scorerpunkt. Ihre Reihenfolge bedeutet also keine unterschiedliche Punktzahl. Eine Vorarbeit muss nicht zwingend ein bewusstes Zuspiel sein: Auch ein abgewehrter Schuss kann zu einem Assist führen, wenn daraus der Treffer entsteht. Manche Tore haben einen Assist, andere keinen. Zwischenzeitlicher gegnerischer Puckbesitz kann die Zuordnung unterbrechen. Der Torschütze erhält für denselben Treffer keinen zusätzlichen Assist.

Lösung 74: A – Beim One-Timer wird ein Zuspiel unmittelbar geschossen, ohne den Puck vorher zu stoppen und neu zurechtzulegen. Der schnelle Abschluss lässt dem Torhüter weniger Zeit, seine Position anzupassen. Besonders nach einem Querpass muss er zugleich seitlich reagieren. Dafür müssen Passgeber und Schütze ihr Timing abstimmen. Das Zuspiel sollte die Kelle in einem gut erreichbaren Bereich treffen. Der Schütze bereitet seine Körperstellung bereits vor dem Puckkontakt vor und verlagert beim Schießen sein Gewicht. Ein großer Ausholweg ist nicht erforderlich. Im Training werden deshalb Passgenauigkeit und direkter Abschluss gemeinsam geübt. Eine bloße Richtungsänderung durch eine hingehaltene Kelle gilt dagegen als Abfälschen.

Lösung 75: A – Das IIHF-Tor misst 183 Zentimeter in der Breite und 122 Zentimeter in der Höhe. Diese Abmessungen entsprechen ungefähr sechs mal vier Fuß. Gemessen wird die Breite zwischen den Innenseiten der Pfosten. Pfosten und Querlatte sind rot; am hinteren Rahmen wird weißes Netzmaterial angebracht. Das Netz hält einen regelgerecht eingedrungenen Puck innerhalb des Tores. Flexible Befestigungen sollen das Gestell auf seiner Position halten und dennoch ein Verschieben bei stärkerem Kontakt erlauben. Ein verschobenes Tor wird nach besonderen Regeln behandelt. Für einen regulären Treffer muss der Puck die Torlinie vollständig zwischen den Pfosten und unter der Querlatte überqueren.

Lösung 76: B – Die untere Altersgrenze wurde durch den 15. September des Draftjahres bestimmt: Bis dahin musste ein Talent achtzehn werden. Deshalb konnten bei der Auswahl im Juni noch Siebzehnjährige aufgerufen werden. Das erfüllte Mindestalter bedeutete jedoch weder einen garantierten Draftplatz noch einen sofortigen NHL-Einsatz. Die Vereine wählten Spieler nacheinander aus und erhielten damit deren NHL-Vertragsrechte. Ein Arbeitsvertrag musste anschließend gesondert vereinbart werden. Viele Talente spielten zunächst weiter in Juniorenligen, an Hochschulen oder in Europa. Der Draft 2025 umfasste sieben Runden; an erster Stelle wählten die New York Islanders den Verteidiger Matthew Schaefer.

Lösung 77: C – Slew-Footing bezeichnet das gefährliche Wegziehen oder Wegtreten der Beine mit Bein oder Fuß. Besonders anschaulich ist die Kombination mit einem entgegengesetzten Stoß gegen den Oberkörper: Der Gegner verliert seinen Stand und kann rückwärts auf das Eis fallen. Die NHL behandelt das Vergehen in einer eigenen Regel. Ein Schlägerkontakt ist für diese Einstufung nicht erforderlich. Auch ohne festgestellte Verletzung kann ein entsprechendes Foul vorliegen. Die gefährdete Körperregion ist nicht auf die Beine beschränkt, weil der anschließende Sturz Kopf und Rücken treffen kann. Die konkrete Bestrafung richtet sich nach dem jeweils geltenden Wettbewerbsregelwerk.

Lösung 78: A – Die beiden Förderschnecken transportieren den vom Messer abgetragenen Eisschnee. Zunächst sammelt ihn die quer liegende Schnecke, anschließend hebt ihn die senkrechte in den Aufnahmebehälter. Damit bleiben die Späne nicht auf der bearbeiteten Fläche liegen. Das Schneidmesser sitzt im hinteren Arbeitsaggregat der Maschine. Ein eigener Wasserkreislauf kann die Eisfläche waschen und verschmutztes Wasser wieder aufnehmen. Frisches Eisbereitungswasser gelangt über eine separate Leitung nach hinten. Dort verteilt ein Tuch das Wasser zu einer dünnen Schicht. Das Abschaben, Reinigen und erneute Auftragen von Wasser erfüllt somit verschiedene Aufgaben innerhalb desselben Arbeitsgangs.

Lösung 79: A – Das System nutzt Infrarotsender in den Pucks und an der Ausrüstung der Spieler. In der Arena installierte Kameras erfassen deren Signale; die zugehörige Technik berechnet daraus räumliche Positionen. Anders als eine bloße Auswertung von Rückennummern funktioniert die Zuordnung über die ausgerüsteten Objekte. Aus aufeinanderfolgenden Positionen lassen sich Geschwindigkeiten und zurückgelegte Strecken ermitteln. Auch Aufenthaltszeiten in verschiedenen Zonen werden aus solchen Daten gewonnen. Die NHL stellt ausgewählte Kennzahlen unter dem Namen NHL EDGE bereit. Das Tracking liefert außerdem Informationen für Fernsehgrafiken und Spielanalysen. Es ersetzt dabei weder die Schiedsrichterentscheidung noch die Auswertung des Spielgeschehens.

Lösung 80: C – Bei einem natürlichen Hattrick erzielt derselbe Spieler drei aufeinanderfolgende Tore der Partie. Dazwischen darf weder ein Mitspieler noch ein Gegner treffen. Ein gewöhnlicher Hattrick verlangt lediglich drei persönliche Tore im selben Spiel. Der natürliche Hattrick muss nicht innerhalb eines einzigen Drittels gelingen; auch eine Pause unterbricht die entscheidende Torfolge nicht. Die Treffer können aus unterschiedlichen Spielsituationen stammen. Zuschauer feiern Dreifachtorschützen häufig, indem sie Hüte aufs Eis werfen. Solche Gegenstände müssen vor der Spielfortsetzung entfernt werden. Für die Leistung gibt es weder zusätzliche Tabellenpunkte noch eine besondere Zahl von Toren auf der Anzeigetafel.

Lösung 81: C – Die Summit Series brachte im September 1972 eine kanadische Auswahl mit NHL-Spielern und die sowjetische Nationalmannschaft zusammen. Vier Begegnungen fanden in Kanada statt, vier in Moskau. Kanada gewann vier Spiele, verlor drei und erreichte ein Unentschieden. Vor dem letzten Drittel der achten Partie lagen die Kanadier noch 3:5 zurück. Sie drehten das Spiel auf 6:5. Paul Henderson erzielte den entscheidenden Treffer 34 Sekunden vor Schluss. Er hatte bereits in den beiden vorherigen Spielen die kanadischen Siegtore erzielt. Die Serie zeigte einem breiten Publikum, wie anspruchsvoll das internationale Niveau auch für etablierte NHL-Profis war.

Lösung 82: A – Wer den Puck aus der eigenen Verteidigungszone direkt über die Schutzscheibe aus dem Spielfeld schießt, kann dafür zwei Minuten wegen Spielverzögerung erhalten, auch wenn keine Absicht vorliegt. Maßgeblich ist die Position des Pucks beim Schuss. Eine vorherige Ablenkung verändert die Beurteilung dieses automatischen Tatbestands. Die offene Spielerbank wird ebenfalls anders behandelt als der Bereich oberhalb des Schutzglases. Bei einem Schuss über das Glas hinter der Bank kann die Strafe dagegen anfallen. Die Regel betrifft Feldspieler und Torhüter. Absichtliches Hinausschießen kann zusätzlich unter andere Bestimmungen fallen, auch wenn diese spezielle Fallgruppe nicht erfüllt ist.

Lösung 83: B – Deutschland gewann 2023 in Tampere die Silbermedaille; die vorige WM-Medaille hatte die deutsche Auswahl 1953 errungen. Im Finale unterlag die Mannschaft von Harold Kreis Kanada mit 2:5. John-Jason Peterka brachte Deutschland zunächst in Führung, Daniel Fischbuch sorgte später für das 2:1. Nach zwei Dritteln stand es 2:2, bevor Kanada drei weitere Tore erzielte. Bemerkenswert war der deutsche Turnierstart mit drei Niederlagen. Im Halbfinale gelang anschließend ein 4:3 gegen die USA nach Verlängerung. Frederik Tiffels erzielte dabei den entscheidenden Treffer. Das Turnier wurde gemeinsam von Finnland und Lettland ausgerichtet.

Lösung 84: A – Seit der Saison 2014/15 ist der Spin-o-rama bei NHL-Strafschüssen und im Penaltyschießen ausdrücklich unzulässig. Dabei dreht sich der Schütze mit dem Puck einmal um die eigene Achse. Solche Versuche hatten Diskussionen darüber ausgelöst, ob die vorgeschriebene Vorwärtsbewegung eingehalten wurde. Im normalen Spiel ist eine Drehung als Täuschung weiterhin möglich. Ein Strafschuss beginnt am Mittelpunkt und ist ein Einzelduell gegen den Torhüter. Nachschüsse gehören nicht zu diesem Versuch. Auch der Ablauf des Penaltyschießens verwendet die Strafschussbestimmungen. Die ausdrücklich verbotene Drehung ist deshalb von zulässigen seitlichen Bewegungen und anderen Schlägertäuschungen zu unterscheiden.

Lösung 85: B – Das Kufenprofil ist die seitlich betrachtete Längsform des Stahls. Durch Profilieren lässt sich verändern, welcher Abschnitt beim Fahren mit dem Eis in Kontakt kommt. Das beeinflusst unter anderem Wendigkeit, Balance und Stabilität. Profile können einen einzelnen Radius oder mehrere miteinander kombinierte Radien verwenden. Der Hohlschliff betrifft dagegen den Querschnitt der Lauffläche: Zwischen zwei Kanten liegt eine konkave Rinne. Ein tieferer Hohlschliff bietet gewöhnlich mehr Griff, ein flacherer begünstigt das Gleiten. Profil und Schliff werden aufeinander abgestimmt. Auch Können, Körpergewicht und persönliche Vorlieben spielen bei der Auswahl eine Rolle.

Lösung 86: C – Ein Enforcer war ein Spieler, dessen Mannschaft besonders auf seine körperliche Präsenz und seine Bereitschaft zu Faustkämpfen setzte. Er sollte andere Spieler von Übergriffen auf Mitspieler abschrecken. Der Ausdruck bezeichnete eine informelle Rolle und keine besondere Position im Regelbuch. Ein Enforcer konnte beispielsweise auf einem Flügel eingesetzt werden. Solche Spieler sind von reinen Unterzahlspezialisten oder technisch starken Provokateuren zu unterscheiden. Faustkämpfe blieben auch für sie strafbare Aktionen. Die Rolle garantierte daher weder Schutz noch Straflosigkeit. Mit dem steigenden Stellenwert von Tempo und vielseitigen Fähigkeiten wurde ein allein darauf ausgerichteter Kaderplatz zunehmend schwerer zu rechtfertigen.

Lösung 87: A – Zum Triple Gold Club zählen Spieler, die Olympiagold, die Männer-Weltmeisterschaft und den Stanley Cup gewonnen haben. Entscheidend ist die Verbindung von Nationalmannschafts- und Vereinserfolgen im Lauf einer Karriere. Die Reihenfolge ist frei. Für die Anerkennung eines Turniererfolgs verlangt die IIHF mindestens einen persönlichen Einsatz. Die ersten Spieler, die das Dreifachziel erreichten, waren 1994 die Schweden Tomas Jonsson, Mats Näslund und Håkan Loob. Sie vervollständigten ihre Sammlung mit Olympiagold in Lillehammer. Jonathan Toews schaffte die Kombination 2010 bereits mit zweiundzwanzig Jahren. Sidney Crosby vollendete sie 2015 als Kapitän aller drei erfolgreichen Mannschaften.

Lösung 88: D – Sean Avery stellte sich 2008 bei einem Playoff-Spiel der New York Rangers gegen die New Jersey Devils vor Torhüter Martin Brodeur. Er blickte dabei zum Torwart und kehrte dem übrigen Spiel den Rücken zu. Mit Händen und Schläger versuchte er, Brodeur unmittelbar vor dem Gesicht abzulenken. Die Rangers spielten zu diesem Zeitpunkt in doppelter Überzahl. Am nächsten Tag stellte die NHL klar, dass ein solches Verhalten mit einer kleinen Strafe wegen Unsportlichkeit zu ahnden sei. Der Vorgang wurde als Avery-Regel bekannt. Eine gewöhnliche Sichtbehinderung durch regelgerechtes Positionieren vor dem Tor wurde damit nicht grundsätzlich verboten.

Lösung 89: A – Im März 2002 wurde die dreizehnjährige Brittanie Cecil bei einem Spiel der Columbus Blue Jackets von einem abgefälschten Puck getroffen und starb an den Folgen. Die NHL reagierte mit zusätzlichen Schutzvorgaben. Zur Saison 2002/03 mussten Netze oberhalb der Schutzscheiben an den Enden der Eisfläche angebracht werden. Sie sollten Pucks abfangen, die über das Glas in die Zuschauerränge fliegen. Das Netz ergänzte die vorhandenen Scheiben. Es veränderte weder die Torgröße noch die Spielfeldlinien. Der Vorfall ereignete sich während einer Partie gegen Calgary. Die Sicherheitsmaßnahme blieb als sichtbarer Bestandteil moderner Eishockeyarenen bestehen.

Lösung 90: A – Angela James und die US-Amerikanerin Cammi Granato wurden 2010 als erste Frauen in die Hockey Hall of Fame aufgenommen. James zählte zu den prägenden Spielerinnen des kanadischen Fraueneishockeys. Sie gewann mit Kanada die Weltmeisterschaften 1990, 1992, 1994 und 1997. Beim Turnier von 1990 erzielte sie elf Tore. Insgesamt verzeichnete Hockey Canada für sie fünfzig Länderspiele mit dreiunddreißig Toren und einundzwanzig Vorlagen. Bereits 2008 war sie in die IIHF Hall of Fame aufgenommen worden. Ihr College Seneca hatte ihre Trikotnummer acht schon 2001 zurückgezogen. Eine Arena in Toronto trägt seit 2009 ihren Namen.

Lösung 91: D – Brett Hull erzielte 1999 den entscheidenden Treffer für Dallas, obwohl ein Schlittschuh im Torraum stand. Die damalige Torraumregel machte solche Situationen besonders umstritten. Die NHL wertete den Ablauf als fortbestehenden Puckbesitz Hulls und erkannte das Tor an. Der Treffer fiel im sechsten Finalspiel gegen die Buffalo Sabres. Gespielt wurde bereits die dritte Verlängerung. Im Tor Buffalos stand Dominik Hašek. Dallas gewann die Partie mit 2:1 und damit seinen ersten Stanley Cup. Die strikte Regel über die Stellung eines Angreifers im Torraum entfiel zur folgenden Saison; Torwartbehinderung blieb weiterhin ein eigenständig zu beurteilendes Vergehen.

Lösung 92: C – Eine erfolgreich beanstandete unerlaubte Schlägerkelle führt zu einer kleinen Strafe; der betreffende Schläger muss aus dem Spiel genommen werden. Das NHL-Regelbuch begrenzt die Krümmung auf drei Viertel Zoll, also 19,05 Millimeter. Für die Vermessung wird die stärkste Abweichung von einer gedachten geraden Verbindung entlang der Kelle betrachtet. Ein bereits erzieltes Tor wird wegen einer anschließenden Schlägerbeanstandung nicht zurückgenommen. Die anfragende Mannschaft trägt selbst ein Risiko: Erweist sich der Schläger als regelgerecht, erhält sie eine Bankstrafe wegen Spielverzögerung. Die Beanstandung erfolgt bei einer Spielunterbrechung. Eine sichtbare Kellenkrümmung ist für sich genommen daher noch kein Regelverstoß.

Lösung 93: B – Concussion Spotters sollen auffällige Anzeichen erkennen, die nach einer Einwirkung auf den Körper oder Kopf eine nähere Untersuchung erforderlich machen. Dazu beobachten sie Spielszenen und nutzen Videobilder. Eine solche Beobachtung ist von der ärztlichen Diagnose zu unterscheiden. Der Spieler kann zur Abklärung aus dem laufenden Einsatz genommen werden. Dabei hängt der Untersuchungsbedarf nicht davon ab, ob die Schiedsrichter zuvor ein Foul gepfiffen haben. Die medizinische Bewertung erfolgt nach dem dafür vorgesehenen Protokoll. Auch die Entscheidung über eine Rückkehr ist eine medizinische Aufgabe. Das Beobachtersystem ergänzt die Aufmerksamkeit des Personals unmittelbar bei der Mannschaft.

Lösung 94: B – Dead Puck Era ist eine gebräuchliche Bezeichnung für eine besonders torarme Phase der NHL, vor allem in den späten 1990er und frühen 2000er Jahren. Eine amtlich festgelegte Anfangsgrenze gibt es nicht. Defensivsysteme engten den Raum für Angriffe ein. Zugleich erschwerten häufiges Halten und Haken das freie Laufen. Leistungsfähige Torhüter und ihre Ausrüstung gehörten ebenfalls zum Umfeld der sinkenden Torzahlen. Zur Saison 2005/06 verschärfte die NHL die Durchsetzung von Behinderungsregeln. Außerdem erlaubte sie zuvor verbotene lange Pässe über die Mittellinie. Die Änderungen sollten mehr Raum, Tempo und Torchancen ermöglichen.

Lösung 95: B – Die Lady Byng Memorial Trophy verbindet die Würdigung fairen Verhaltens mit anspruchsvoller spielerischer Leistung. Die Entscheidung treffen Mitglieder der Professional Hockey Writers Association nach der regulären Saison. Wenige Strafminuten können ein Argument sein, ergeben aber keinen automatischen Anspruch auf den Preis. Die Auszeichnung wurde 1925 erstmals verliehen. Frank Nighbor von Ottawa war ihr erster Träger. Frank Boucher gewann sie später siebenmal. Auch Wayne Gretzky erhielt die Trophäe mehrfach, insgesamt fünfmal. Die Ehrung ist nicht auf Stürmer begrenzt: Der Verteidiger Brian Campbell gewann sie beispielsweise 2012. Damit bewertet sie mehr als bloße offensive Punktzahlen.

Lösung 96: D – Bei der Männer-Weltmeisterschaft 2025 begann das Penaltyschießen mit bis zu fünf verschiedenen Schützen pro Mannschaft. Stand der Sieger vorher fest, wurden überflüssige Versuche nicht ausgeführt. Bei Gleichstand nach fünf Versuchen je Team folgten paarweise Entscheidungsrunden. Dafür wurde die Reihenfolge der beginnenden Mannschaften umgekehrt. Ein bereits eingesetzter Spieler durfte erneut antreten, auch mehrfach. Die Torhüter konnten zwischen den Versuchen gewechselt werden. Spieler mit einer bei Verlängerungsende noch laufenden Strafe waren nicht teilnahmeberechtigt. Im Endergebnis wurde der siegreichen Mannschaft ein zusätzliches Tor gutgeschrieben. Für das Goldmedaillenspiel war dagegen eine Entscheidung durch weitere Verlängerungsabschnitte vorgesehen.

Lösung 97: D – Die 1943 eingeführte rote Mittellinie ermöglichte Vorwärtspässe aus der Verteidigungszone über die eigene blaue Linie in die eigene Hälfte der neutralen Zone. Vorher musste der Puck zunächst über die blaue Linie geführt werden. Die neue Möglichkeit erleichterte einen schnellen Spielaufbau und das Überspielen gegnerischen Drucks. Die rote Linie teilte dafür die neutrale Zone. Die beiden blauen Linien blieben bestehen. Ein Pass von der Verteidigungszone über die Mittellinie hinaus war weiterhin eingeschränkt. Diese sogenannte Zweilinienpassregel wurde in der NHL erst 2005 abgeschafft. Die Mittellinie verschwand dadurch nicht: Für andere Regeln, insbesondere Icing, blieb sie bedeutsam.

Lösung 98: A – Eishockey feierte 1920 in Antwerpen sein olympisches Debüt und gehörte damals zum Programm der Sommerspiele. Gespielt wurde bereits im April. Sieben Mannschaften nahmen teil. Kanada wurde von den Winnipeg Falcons vertreten und gewann Gold. Silber ging an die USA, Bronze an die Tschechoslowakei. Das Turnier wird zugleich als erste Eishockey-Weltmeisterschaft gewertet. Anders als heute standen einschließlich Torhüter sieben Spieler pro Mannschaft auf dem Eis. Die Begegnungen bestanden aus zwei Spielabschnitten von je zwanzig Minuten. Erst 1924 fanden in Chamonix die ersten Winterspiele statt, in deren Programm Eishockey ebenfalls enthalten war.

Lösung 99: C – Ein Linksschütze hält den Schläger gewöhnlich mit der rechten Hand oben und der linken darunter. Die Schlägerkelle liegt dabei links vom Körper. Beim Rechtsschützen ist die Handstellung umgekehrt. Die Bezeichnung folgt somit der Schlägerauslage und nicht unmittelbar der Schreibhand. Sie legt auch keinen festen Platz im Angriff fest. Spieler können auf beiden Flügeln eingesetzt werden, unabhängig von ihrer bevorzugten Auslage. Moderne Feldspielerschläger werden mit passend ausgerichteten Kellen angeboten. Wer die Griffseite bestimmt, betrachtet deshalb den natürlich empfundenen beidhändigen Griff. Schlägerlänge und Flex sind davon getrennte Ausrüstungsmerkmale, die zusätzlich abgestimmt werden.

Lösung 100: A – Das als Wunder auf dem Eis bekannte 4:3 fiel am 22. Februar 1980 in der Finalrunde von Lake Placid. Es war kein Halbfinale eines K.-o.-Turniers. Die amerikanische Mannschaft wurde von Herb Brooks trainiert und bestand überwiegend aus jungen Spielern mit Collegehintergrund. Torhüter Jim Craig hielt sie gegen den favorisierten Gegner im Spiel. Mike Eruzione erzielte im Schlussdrittel den Siegtreffer. Zwei Tage später besiegten die USA Finnland mit 4:2 und gewannen Gold. Gegen Finnland hatten sie nach zwei Dritteln noch 1:2 zurückgelegen. Es war ihr zweiter olympischer Eishockeytitel nach dem Erfolg von 1960.

Fragen, Lob oder Kritik? Gerne per Mail:

Bei einer Kontaktaufnahme werden die von Ihnen mitgeteilten personenbezogenen Daten – insbesondere Ihr Name, Ihre E-Mail-Adresse sowie der Inhalt Ihrer Nachricht – ausschließlich zum Zwecke der Bearbeitung Ihrer Anfrage sowie für den Fall daran anschließender Fragen elektronisch gespeichert und verarbeitet. Eine Weitergabe dieser Daten an Dritte erfolgt nicht. Alle Fragen, Antworten und Hintergrundinformationen in diesem Werk wurden mit Sorgfalt recherchiert und zusammengestellt. Trotz Prüfung können sachliche Fehler, Ungenauigkeiten oder zwischenzeitlich überholte Informationen nicht vollständig ausgeschlossen werden. Der Herausgeber übernimmt daher keine Haftung für die Richtigkeit, Vollständigkeit und Aktualität der bereitgestellten Inhalte. Etwaige Schadensersatzansprüche gegen den Herausgeber, die sich auf Schäden materieller oder ideeller Art beziehen, welche durch die Nutzung oder Nichtnutzung der dargebotenen Informationen verursacht wurden, sind grundsätzlich ausgeschlossen. Dieses Werk dient ausschließlich Unterhaltungs- und Bildungszwecken. Es erhebt keinen Anspruch auf wissenschaftliche oder fachliche Verbindlichkeit und ersetzt keine professionelle Beratung oder offizielle Quellen. Die Verwendung der Inhalte erfolgt auf eigene Verantwortung des Lesers. Grübelgold –Friedrich Schäfer - c/o Autorenglück #80064 - Albert-Einstein-Straße 47 - 02977 Hoyerswerda

Dieses Buch wurde in Übereinstimmung mit den GPSR-Richtlinien der EU zur Sicherheit von Produkten erstellt.

Die Verordnung über die allgemeine Produktsicherheit ist der aktualisierte Rahmen der Europäischen Union, um sicherzustellen, dass alle Verbraucherprodukte, einschließlich Bücher, für Verbraucher sicher sind.

Dieses Buch wurde von Libri Plureos GmbH gedruckt. Der Drucker hat Sicherheitszertifikate für die verwendeten Materialien wie Tinte, Papier und Kleber ausgestellt.

Die Produktkennung ist: 9783693190739

Der Autor ist für den Inhalt des Buches verantwortlich und hat das Buch von Bookmundo produzieren lassen.

Sollten Sie Fragen zur Sicherheit des Produkts haben, kontaktieren Sie uns bitte.

Bookmundo
Delftsestraat 33
3013AE Rotterdam
Die Niederlande
info@bookmundo.com